Woguo Nongcun Gonggong Wenhua Fuwu Tixi De Caizheng Baozhang Jizhi Yanjiu

我国农村公共文化服务体系的财政保障机制研究

陈波 著

中国社会科学出版社

图书在版编目（CIP）数据

我国农村公共文化服务体系的财政保障机制研究/陈波著.
—北京：中国社会科学出版社，2014.10
ISBN 978－7－5161－4897－6

Ⅰ.①我…　Ⅱ.①陈…　Ⅲ.①农村文化—文化工作—财政管理体制—研究—湖北省　Ⅳ.①G127.63②F812.8

中国版本图书馆 CIP 数据核字(2014)第 228857 号

出 版 人　赵剑英
责任编辑　王　曦
责任校对　孙洪波
责任印制　戴　宽

出　　版　中国社会科学出版社
社　　址　北京鼓楼西大街甲 158 号（邮编　100720）
网　　址　http：//www.csspw.cn
　　　　　中文域名：中国社科网　　010－64070619
发 行 部　010－84083635
门 市 部　010－84029450
经　　销　新华书店及其他书店

印　　刷　北京市大兴区新魏印刷厂
装　　订　廊坊市广阳区广增装订厂
版　　次　2014 年 10 月第 1 版
印　　次　2014 年 10 月第 1 次印刷

开　　本　710×1000　1/16
印　　张　11.5
插　　页　2
字　　数　189 千字
定　　价　39.00 元

凡购买中国社会科学出版社图书，如有质量问题请与本社发行部联系调换
电话：010－64009791

目　录

第一章　我国区域公共文化服务体系的实践模式及其发展趋势

联合国于1966年12月16日通过了《经济、社会及文化权利国际公约》，其文化方面的主要内容为："人人有权参加文化生活，享受科学进步及其应用所产生的利益，对其本人的任何科学、文学或艺术作品所产生的精神上和物质上的利益，享受被保护之利，缔约国为充分实现这一权利而采取的步骤应包括为保存、发展和传播科学和文化所必需的步骤等。"此后，公民文化权利成为继公民享有政治、经济等权利后又一重要基本权利，得到普遍认可。中国政府于1997年正式签署了《经济、社会及文化权利国际公约》，并于2001年获得全国人大常委会的批准，这一重大决策表明了中国政府对公民权利国际标准的认定，表明了党和政府不仅注重保障公民的生存权、发展权、政治权，而且开始把公民的文化权利列入保护的范畴。至此，以满足居民基本文化需求、保障公民文化权利的公共文化服务体系建设在我国逐步展开。①

第一节　概念的界定与理论梳理

农村公共文化服务体系建设有着明显的中国特色，是我国公共文化服务体系建设的重要组成部分，公共文化服务体系建设的基础理论是农村公共文化建设的理论来源与基础。

一　公共文化

从国内外研究文献来看，人们对于公共文化的理解主要有三个不同的

① 陈波、胡小红：《我国区域公共文化服务体系的实践模式及发展趋势》，《江汉大学学报》（人文科学版）2010年第3期。

维度：一是从公民的角度进行理解，把公共文化界定为公民文化；二是从社会角度进行理解，把公共文化等同于大众文化或者公民社会所共有的价值理念；三是从国家角度进行理解，把公共文化定义为国家的主流意识形态或核心价值体系。

从公民的角度把公共文化理解为公民文化，是一种典型的政治学解释。对公民文化最早进行专题研究的是美国政治学者阿尔蒙德（Gabriel A. Almond）、维巴（Sidney Verba），他们把公民文化视为一种政治文化。早在1956年，阿尔蒙德就把政治文化定义为“政治行为取向的特定模式”①，在他看来，这些模式构成了所有治理机制的基础。1963年，阿尔蒙德和维巴合作，对美国、英国、墨西哥、意大利和德国五个国家的公民文化进行了比较研究，他们得出的结论是：英美的公民文化最有利于实现稳定的治理，而那些未能培育出公民文化来支持民主制度的国家往往产生独裁主义，20世纪30年代德国纳粹主义的兴起就是例证。盎格鲁—美利坚式公民文化的特征，是在公民对既存权威的服从与公民积极参与政治过程的意愿之间保持一种平衡；正是公民个人与政府机构之间拥有共同的核心价值观和“社会信任”，才奠定了一个成功的公民社会的基础②。阿尔蒙德的公民文化理论虽然颇具争议性，但直至今日仍然是一个不可忽视的代表性理论。

尽管把公共文化理解为大众文化，或者把公共文化理解为公民社会共同的价值理念，都是一种社会的视角，但是二者含义分殊很大。大众文化是一个歧义性概念，对它的解释十分混乱③。一般的，把大众文化和流行

---

① Almond, G. (1956), Comparative Political Systems, *Journal of Politics*, Vol. 18 (3), p. 396.

② Almond, G., Verba, S. (1963), *The Civic Culture*, Princeton: Princeton University Press.

③ 有人认为它至少包含以下10种不同的含义：①“众人喜好的文化”。②一切来自广场而非庙堂的民间的文化，威廉姆斯称为“不登大雅之堂的文化”。③无产阶级的、革命的、普及的、面向工农兵的大众文化。毛泽东最早提出这一概念。④资产阶级的国家意识形态，一种以标准化、陈腐老套、保守主义、虚伪、满足浮华幻想、受操纵的文化工业产品为标志的文化。致力于劳动阶级的非政治化，维护社会的统治权威，制造大众的虚假的需求，是欺骗群众的统治工具（法兰克福学派阿多诺等人的理论）。⑤次标准文化或剩余文化，即去除了高雅文化之后剩余的那部分文化。⑥商业消费文化，即那种用于大量消费的，为商业目的“有意迎合大众口味”而大批量生产的消费品，是“商人雇佣技术人员创造的”。⑦美国通俗艺术的意识形态或美国文化的代名词。欧洲人说大众文化，那往往是指“美国特有”的“不安分守己”的通俗文化，是从美国传播到世界各地的文化。⑧社会统治集团通过精神和道德领导的手段赢得被统治群体赞同而形成和产生的文化；源自葛兰西的文化霸权或文化领导权的理论，采用这种新葛兰西主义霸权理

文化、通俗文化或普及文化相提并论，通常是指在现代社会中所盛行的文化。它主要借由大众传媒所塑造、传播，但是它并不只是大众传媒的生产物，而是由大众与传媒间互动所产生的[1]。

大众文化在某种意义上是与“精英文化”相区别的一种文化，或可视为“大众社会”所特有的文化形式，大众文化和大众社会互为因果、互相支持，其共同的前提条件是现代社会的理性化及其体现。大众文化与民间文化有着本质区别，它其实是一种“工业”文化，商业原则取代艺术原则，市场要求代替了精神要求，使得大众文化注定无法摆脱平庸，大众固然制约大众文化的风格和内容，但也被它塑造和改造。在大众文化强大而又无所不在的影响下，大众丧失了自己的头脑和判断能力，成为纯粹被动的文化消费者，大众文化是现代社会中的一种垄断性权力，它正在侵入和剥夺人的私人生存空间，对大众文化的批判是一个困难但又必要的任务[2]。

而把公共文化理解为公民社会共有的价值理念，几乎跟前述公民文化的含义相近，但仔细进行考察，二者未必具有相同的理论渊源。后者源自古希腊思想家，即公民所具有的精神和美德，只有公民具有这种精神和美德，才能使民主政治成为一种稳定的和有效的政治体制。前者的研究源于西方学者关于市民社会公共生活（公共领域）的研究，就现代而言，这一研究大致可以分为三个学派，分别以哈贝马斯（Jurgen Habermas）、

论观点的人，将大众文化视为社会被统治群体的反抗力量与社会统治集团的“兼并”力量之间斗争的场所。这里的大众文化既不是自上而下的统治阶级意识形态的强制文化，也不是与之对立的自发的自下而上的“人民”文化，而是两者交战的场所，是以反抗与兼并为标志的领域。⑨来自于人民的文化。人民群众积极创造的他们所需要的一种民间文化。费斯克不完全同意法兰克福学派把批判的矛头指向文化工业对大众意识的控制的观点，不同意把大众只看作被动受控的客体，而认为大众文化中也隐含着一种积极能动的自主性力量。在某种程度上他肯定了大众文化的启蒙性和独创性。⑩伴随着城市化、工业化的出现而产生的城市工业文化；威廉姆斯说，这是一个早在英国工业革命时期就已经进入了英国人思想的文化。因为工业化和城市化的进程从根本上改变了与大众文化有关的各种关系；在后现代消弭了高雅文化和通俗文化差异之后形成的当代文化形式。这是一种不再区分高雅与通俗差异的文化。原先意义上的精英文化将走向终结，代之而起的是经济、政治、科技、商业与文化的全面渗透或互相交融，以当代电子高新科技为传播媒介的，在时间和事件上同步的、全球化的文化。参见 http：//zhidao. baidu. com/question/1891195. html。

① 参见“维基百科”（http：//zh. wikipedia. org/wiki/%E5%A4%A7%E7%9C%BE%E6%96%87%E5%8C%96）。

② 张汝伦：《论大众文化》，《复旦学报》（社会科学版）1994 年第 3 期。

阿伦特（Hannah Arendt）和桑内特（Richard Sennett）为代表：哈贝马斯只关注公共文化生活的物质基础，认为公共文化生活的形态是由经济利益和政治争论所构成的。他的理论根源是马克思主义思想，强调文化的阶级性与物质性。市民社会所表现的首先是个性化的、分散的经济利益，在经过一段时期的发展后必然要求整体性、一致性的文化对这些分散的利益进行整合，以保证市民社会的自维性。于是在市民社会与政治国家分离的基础上，又逐渐形成了市民社会内部文化生活与经济生活的分离。经济生活是市民社会的私人领域，文化生活是其公共领域。在这一公开的场合、公共的领域中，人们就其共同关心的经济、政治、文化和其他一切社会问题展开讨论，形成公共文化（或曰公共舆论），整合公共领域的核心价值观念，建立市民社会统一的价值认同体系，赋予市民社会以凝聚力，使之保持自身相对于政治国家的独立性。阿伦特则相信有一个纯粹的公共文化领域的存在，公共领域由一些特殊的市民组成，所有这些市民彼此之间进行非人格的、平等的对话，无论属于何种阶级、性别、种族或民族。但这又显得过于抽象并缺乏历史的厚重和形象的生动。桑内特则以大城市的特殊环境为背景，以理解市民日常行为及其社会交往模式为主要内容，讨论具体而又形象的城市公共文化。这三种代表性的理论都是以西方公民社会为研究对象的，它们与公民社会相联系①。

从国家角度把公共文化理解为国家的主流意识形态或核心价值体系，具有马克思主义理论根源。对于马克思主义而言，作为上层建筑的意识形态是与其现实的社会经济基础相适应的，“物质生活的生产方式制约着整个社会生活、政治生活和精神生活的过程。不是人们的意识决定人们的存在，相反，是人们的社会存在决定人们的意识”②。而且，“统治阶级的思想在每一时代都是占统治地位的思想”；“一个阶级是社会上占统治地位的物质力量，同时也是社会上占统治地位的精神力量”③。深受马克思主义影响的葛兰西文化霸权理论、法兰克福学派的文化理论，都在某种程度上把公共文化视为一个国家的意识形态，对被统治阶级产生主导性或钳制

① ［德］哈贝马斯：《公共领域的结构转型》，曹卫东等译，学林出版社 1999 年版；［美］汉娜·阿伦特：《极权主义的起源》，林骧华译，生活·读书·新知三联书店 2008 年版；［美］理查德·桑内特：《公共人的衰落》，上海译文出版社 2008 年版。

② 《马克思恩格斯选集》（第二卷），人民出版社 1995 年版，第 32 页。

③ 《马克思恩格斯选集》（第一卷），人民出版社 1995 年版，第 98 页。

性作用。

二　公共文化服务

所谓公共文化服务，是指在政府主导下，以税收和财政投入方式向社会整体提供文化产品及服务的过程和活动①。

从现有的研究文献来看，对于公共文化服务的界定主要有以下三条路径：

一是从公共产品的角度进行阐释，例如，周晓丽、毛寿龙认为：公共文化服务就是基于社会效益，不以营利为目的，为社会提供非竞争性、非排他性的公共文化产品的资源配置活动。公共文化服务是一种具有很强的积极外部效应的公共服务，是一种公益性的服务。其外部效应主要表现在三个方面：首先是对政治意识形态的建构作用。这主要是指文化产品和服务在传播主流意识形态，形成特定政治体系所要求的公民政治文化，维护国家政治稳定、文化安全等方面所发挥的作用。其次是公共文化服务对经济、社会发展的外部效应。最后是公共文化服务对区域发展的推动力。随着区域经济发展与合作的出现，公共文化服务的有效供给是提高区域创造能力的基础，公共文化服务的规模、质量和水平成为区域吸引力的重要因素②。

二是从政府的公共服务职能角度进行解释，认为公共文化服务是政府公共服务的一项重要内容。因此，我国的公共文化服务发展几乎跟政府的公共服务转型相一致。无论是从公共产品角度还是从政府公共服务职能角度来界定公共文化服务，都可能会产生一种误解，认为公共文化服务只能由政府提供，而不能引进市场的运作机制。

三是从公民的文化权利角度进行定义，认为公共文化服务的发展，就是通过满足公众的文化需求，实现、维护和发展公民的文化权利。《经济、社会及文化权利国际公约》的签署，保障包括文化权利在内的公民各项权利已经成为我国实施各项文化政策的基础。按照《经济、社会及文化权利国际公约》的规定，公民文化权利主要涵盖：参与文化生活的权利，分享文化发展成果的权利，文化活动及文化创造自由的权利和文化

① 章建刚、陈新亮、张晓明：《中国公共文化服务发展的历史性转折》，《中国公共文化发展服务报告（2007）》，社会科学文献出版社2008年版。

② 周晓丽、毛寿龙：《论我国公共文化服务及其模式选择》，《江苏社会科学》2008年第1期。

成果得到保障的权利①。

三 公共文化服务体系

公共文化服务体系正是近年来政府加强公共服务职能的背景下提出的一个新概念，它主要着眼于社会效益，以非营利性为目的，为全社会提供非竞争性、非排他性的公共文化产品和服务。它是由政府主导、社会参与形成的普及文化知识，传播先进文化，提供精神产品，满足人民群众文化需求，保障人民群众文化权益的各种公益性文化机构和服务的总和②。简言之，公共文化服务体系是有关社会公共文化产品与服务的整体性安排。

公共文化服务体系是政府公共服务体系的重要组成部分，它以政府为主导，以提供基本而有保障的公共文化产品和公共文化服务为主要任务，以全社会共同消费、平等享受文化成果、实现群众文化权利为基本目标，具有保障公民文化权利、满足公民文化需求、传播先进文化、推动文化创新等多方面的功能。③

闫平认为，公共文化服务体系的基本要素是：公共文化政策法规、公共文化基础设施建设、公共文化组织机构和人才、公共文化活动主体、公共文化活动方式、公共文化事业经费④。韩军则认为公共文化服务体系主要包括：政策法规体系、基础设施体系、产品供给体系、人力资源体系、资金投入体系、评价监督体系6个部分。其中，政策法规体系是公共文化服务体系的法律保障；基础设施体系是公共文化服务体系的物质载体；产品供给体系是公共文化服务体系的中心内容；人力资源体系是公共文化服务体系的活力源泉；资金投入体系是公共文化服务体系的运行血脉；评价监督体系是公共文化服务体系的外力保障⑤。除了上述这些组成部分以外，笔者认为还有一个不可忽视的组成部分是公民文化需求表达机制及参与体系。只有公民有效表达的文化需求被及时吸纳为政府的公共文化服务决策，才有可能提供更加有针对性的、公民更加满意的公共文化产品及服务。

---

① 叶辛、蒯大申主编：《2007上海文化发展蓝皮书》，社会科学文献出版社2007年版，第22—23页。

② 深圳市文化局公共文化服务体系研究课题组：《深圳公共文化服务体系研究》，《特区理论与实践》2006年第3期。

③ 韩军：《论公共文化体系的构建》，《党政干部论坛》2008年第1期。

④ 闫平：《试论公共文化服务体系建设》，《理论学刊》2007年第12期。

⑤ 韩军：《论公共文化体系的构建》，《党政干部论坛》2008年第1期。

第二节 我国区域公共文化服务实践的兴起

一 国家层面支持公共文化服务体系建设的政策措施密集出台

2002 年，党的十六大报告第一次把政府职能归结为经济调节、市场监管、社会管理和公共服务四个方面，这标志着政府公共服务理念的正式提出。公共文化服务具有明显的公共物品属性，成为我国政府构建服务型政府的重要着眼点。2005 年 10 月 11 日，《中共中央关于制定国民经济和社会发展第十一个五年规划的建议》在党的十六届五中全会上获得通过。《建议》中出现了“加大政府对文化事业的投入，逐步形成覆盖全社会的比较完备的公共文化服务体系”的战略规划。这个表述也暗示着，经过近 30 年市场取向的体制改革，意义变得较为含混的“文化事业”一词，开始彰显出“公共文化服务”的新内涵。中国公共文化服务发展开始了历史性的转折。

2006 年 1 月，中央出台了《关于深化文化体制改革的若干意见》和《国家“十一五”时期文化发展规划纲要》，文件指出：“发展社会主义先进文化，必须大力加强队伍建设，这是构建公共文化服务体系的关键；必须认真贯彻落实中央有关人才选拔培养的意见，创新人才机制，造就一大批坚持先进文化前进方向，熟悉文化发展规律和市场经济规律的强势文化人才；特别要注重为基层和农村培养适用的相关人才，要在培训深造、重点课题研究、重大项目的完成等方面创造条件，使青年人才脱颖而出；大力培养各个领域的学科带头人，不断提升艺术教育水平，加强文化企事业单位领导干部的培养，吸引更多的优秀人才投入到文化事业的发展和建设中来，形成雄厚的人力资源，推进文化事业的不断发展和繁荣。”①

2006 年 9 月 3 日，十六届六中全会做出的中央关于构建社会主义和谐社会若干重大问题的决定，其中强调：把公共文化服务体系建设作为国家文化生活的重要内容。②

2006 年 9 月 13 日，《国家“十一五”时期文化发展规划纲要》发布。其

① 参见申维辰《构建公共文化服务体系，发展社会主义先进文化》，怀仁市人民政府网，http：//www. rh. gov. cn/html/ssdd/2006_ 04_ 11_ 18_ 23_ 23_ 307_ 3. html，2009 -5 -27。

② 参见 http：//zhidao. baidu. com/question/12161307. html，2009 -6 -7。

中“公共文化服务”专辟一章，并被置于“文化产业”之前，占据了令人瞩目的优先地位。内容涉及完善公共文化服务网络、创新公共文化服务方式、健全公共文化服务组织体制和运行机制、维护低收入和特殊群体的基本文化权益，以及加强农村文化建设等一系列重要工作指向，相当具体详尽。①

2006 年 10 月 8—11 日党的十六届六中全会在北京举行，会议明确要求“加快建立覆盖全社会的公共文化服务体系建设步伐”。② 从此，我国公共文化服务体系的建设进入了快车道。

2007 年 3 月 5 日，第十届人大第五次会议通过的《政府工作报告》指出，“要着眼于满足人民群众文化需求，保障人民文化权益，逐步建立覆盖全社会的公共文化服务体系”；“要突出抓好广播电视‘村村通’工程、社区和乡镇综合文化站建设工程、全国文化信息资源共享工程、农村电影放映工程、农家书屋工程”；“要继续建设一批国家重大文化工程”；“要加强网络文化建设和管理”；“要搞好文化遗产、自然遗产和档案保护”；“要加强文化市场管理，坚持开展扫黄打非工作”。③

2007 年 6 月 16 日，中共中央政治局会议召开。这是中央政治局首次以专题会议的形式研究公共文化服务体系的建设问题。会议明确了建立公共文化服务体系的重大意义、指导思想和目标任务等。就意义来说，“要把公共文化服务体系建设放在全局工作的重要位置，有重点分阶段地把公共文化服务体系建设抓紧抓好”；“要推进文化事业单位改革，创新文化服务方式，创新公共文化服务技术，创新公共文化服务运行机制”；“加强公共文化服务体系建设，必须着力提高公共文化产品供给能力，着力解决人民群众最关心、最直接、最现实的基本文化权益问题”。就目标任务来说，“建设公共文化服务体系，要按照结构合理、发展平衡、网络健全、运行有效、惠及全民的原则，以政府为主导，以公益性文化单位为骨干，鼓励全社会积极参与，努力建设公共文化产品供给、设施网络、资金人才技术保障、组织支撑和运行评估为基本框架的覆盖全社会的公共文化

① 章建刚、陈新亮、张晓明：《公共文化服务体系：新形势下的发展诉求》，《学习时报》2007 年 11 月 28 日。

② 参见《中国共产党第十六届中央委员会第六次全体会议公报》，2006 年 10 月 11 日，新华网：http：//news. xinhuanet. com/politics/2006 -10/11/content_ 5190605. htm，2009 -6 -2。

③ 参见第十届全国人民代表大会第五次会议通过的《政府工作报告》，2007 年 3 月 5 日，转引自《建立完善的农村公共文化服务体系》，《经济日报》2007 年 7 月 24 日，http：//cpc. people. com. cn/GB/64093/82429/83083/6023652. html，2009 -5 -26。

服务体系”。[①] 这实质上是对公共文化服务体系概念的科学界定，可以浓缩为“351”原理以及20字原则——“结构合理、发展平衡、网络健全、运行有效、惠及全民”；政府为主导、公益性文化单位为骨干、全社会积极参与的三元建设格局；“公共文化产品生产供给”等基本框架五要素；一个“覆盖全社会”的目标要求。[②]

2007年8月21日，在中央政治局会议的基础上，中共中央办公厅和国务院办公厅联合下发了《关于加强公共文化服务体系建设的若干意见》。它以国家文件的形式将中央政治局讨论的内容确定下来，其中包括六项主要内容：[③] ①提高对公共文化服务体系建设重要性的认识；②明确公共文化服务体系建设的重要指导思想和目标任务；③实施重大公共文化服务工程（广播电视“村村通”工程、全国文化信息资源共享工程、乡镇文化站和基层文化阵地建设工程、农村电影放映工程、农家书屋建设工程）；④增强公共文化产品的生产供给能力；⑤创新公共文化服务运行机制；⑥加强对公共文化服务体系的领导。并明确了公共文化服务体系建设的指导思想和目标任务，提出要按照结构合理、发展均衡、网络健全、运行有效、惠及全民的原则，努力建设以公共文化生产供给、设施网络、资金人才、技术保障、组织支撑和运行评估为基本框架的覆盖全社会的公共文化服务体系。这充分体现了党中央、国务院对文化事业的高度重视，为进一步推动文化工作指明了方向。[④]

2007年10月15日，胡锦涛总书记在党的十七大报告中的第四部分提到了“覆盖全社会的公共文化服务体系基本建成”的新要求——覆盖全社会的公共文化服务体系基本建立，文化产业占国民经济比重明显提高，国际竞争力显著增强，适应人民需要的文化产品更加丰富。中央已经把公共文化服务体系和文化产业分别加以强调。“公共文化服务体系”首

---

① 参见孟建、曾小强《公共文化服务体系视野中的我国报业改革——对中国报业“双重属性”的新探讨》，《广播电视大学学报》（哲学社会科学版）2008年第2期。

② 同上。

③ 参见章建刚、陈新亮、张晓明《公共文化服务体系：新形势下的发展诉求》，《学习时报》2007年11月28日；中共中央办公厅、国务院办公厅：《关于加强公共文化服务体系建设的若干意见》，2007年8月21日，http：//www.jjswhj.gov.cn/web/News_ View.asp？NewsID＝3356&page＝4，2009－5－26。

④ 参见周玮《我国公共文化服务体系建设迈出新步伐》，http：//news.qq.com/a/20080302/000926.htm，2009－6－8。

次出现在党代会报告中，公共文化服务体系在文化建设中的重要地位可见一斑；第五部分中提到了“必须注重实现基本公共服务均等化”、“增强基层政府提供公共服务能力”的要求；第七部分中提出了“兴起社会主义文化建设新高潮”的号召——“重视城乡、区域文化协调发展，着力丰富农村、偏远地区、进城务工人员的精神文化生活”；“用现代科技手段开发利用民族文化丰厚资源”；“坚持把发展公益性文化事业作为保障人民基本文化权益的主要途径，加大投入力度，加强社区和乡村文化设施建设”；“运用高科技手段创新文化生产方式，加快构建传输快捷、覆盖广泛的传播体系”等新要求和新举措。①

2008 年 11 月，中共中央办公厅和国务院办公厅出台的《关于进一步加强农村文化建设的意见》，提出农村公共文化建设和农村公共文化服务体系的重要理念及战略构想。表明我国政府对其作为依靠公共财政资源、满足农民群众基本文化需求和保障农民群众基本文化权益的主要责任主体，已有明确的认定。②

2009 年 9 月，文化部出台了《乡镇综合文化站管理办法》，对乡镇综合文化站的规划和建设、职能和服务、人员和经费、检查和考核等方面作出了明确的规定，③ 这是对农村公共文化服务建设的重要指导性文件。

2010 年 12 月，文化部下发了《文化部关于进一步加强文化市场管理工作的若干意见》，提出了构建现代文化市场体系：拟订文化市场发展规划，运用法律、经济和必要的行政手段，调整市场布局，优化市场结构，引导和调节文化市场。培育和健全各类文化产品市场和要素市场，打破条块分割、地区封锁、城乡分离的市场格局，促进文化产品和生产要素的合理流动，推动城乡文化市场统筹发展，构建统一开放、竞争有序的现代文化市场体系。壮大文化市场主体，推动文化市场规模化、连锁化、品牌化发展，完善现代流通体系，培育大众性文化消费市场和新兴文化经营业态，引导和促进

---

① 参见孟建、曾小强《公共文化服务体系视野中的我国报业改革——对中国报业“双重属性”的新探讨》，《广播电视大学学报》（哲学社会科学版）2008 年第 2 期（总第 145 期）；章建刚、陈新亮、张晓明：《公共文化服务体系：新形势下的发展诉求》，《学习时报》2007 年 11 月 28 日。

② 参见肖剑忠《要重视农村公共文化服务体系建设》，http://www.china.com.cn/chinese/zhuanti/xxsb/1272332.htm，2009－5－31。

③ 《乡镇综合文化站管理办法》，中华人民共和国文化部令第 48 号，2009 年 9 月 8 日颁布，http://59.252.212.6/auto255/201001/t20100125_27409.html。

文化消费，满足人民群众多样化、多层次、多方面的精神文化需求。①

2011年10月18日，党的十七届六中全会通过了《中共中央关于深化文化体制改革推动社会主义文化大发展大繁荣若干重大问题的决定》，其中对构建公共文化服务体系提出了具体的要求。《决定》指出：加强公共文化服务是实现人民基本文化权益的主要途径。要以公共财政为支撑，以公益性文化单位为骨干，以全体人民为服务对象，以保障人民群众看电视、听广播、读书看报、进行公共文化鉴赏、参与公共文化活动等基本文化权益为主要内容，完善覆盖城乡、结构合理、功能健全、实用高效的公共文化服务体系。把主要公共文化产品和服务项目、公益性文化活动纳入公共财政经常性支出预算。采取政府采购、项目补贴、定向资助、贷款贴息、税收减免等政策措施鼓励各类文化企业参与公共文化服务。鼓励国家投资、资助或拥有版权的文化产品无偿用于公共文化服务。加强文化馆、博物馆、图书馆、美术馆、科技馆、纪念馆、工人文化宫、青少年宫等公共文化服务设施和爱国主义教育示范基地建设并完善向社会免费开放服务，鼓励其他国有文化单位、教育机构等开展公益性文化活动，各类公共场所要为群众性文化活动提供便利。统筹规划和建设基层公共文化服务设施，坚持项目建设和运行管理并重，实现资源整合、共建共享。加强社区公共文化设施建设，把社区文化中心建设纳入城乡规划和设计，拓展投资渠道。完善面向妇女、未成年人、老年人、残疾人的公共文化服务设施。引导和鼓励社会力量通过兴办实体、资助项目、赞助活动、提供设施等形式参与公共文化服务。推进国家公共文化服务体系示范区创建。制定公共文化服务指标体系和绩效考核办法。②

2012年5月，《文化部"十二五"时期文化改革发展规划》颁布，提出公共文化服务建设的发展目标：覆盖城乡、结构合理、功能健全、实用高效的公共文化服务体系基本建立，各级各类文化设施更加完善，使人民群众能够公平、就近、便捷享受公共文化服务，基本文化权益得到更好

① 中华人民共和国文化部：《文化部关于进一步加强文化市场管理工作的若干意见》，2010年12月20日，http：//59.252.212.6/auto255/201012/t20101229_20751.html。

② 中央政府门户网站：《中共中央关于深化文化体制改革推动　社会主义文化大发展大繁荣若干重大问题的决定》，2011年10月25日，http：//www.gov.cn/jrzg/2011－10/25/content_1978202.htm。

保障。[①] 6 月，文化部社会文化司更名为公共文化司，进一步突出了公共文化在国家管理体系中的重要地位。[②]

2012 年 11 月，党的十八大报告召开，胡锦涛作了题为《坚定不移沿着中国特色社会主义道路前进，为全面建成小康社会而奋斗》的报告，提出“扎实推进社会主义文化强国建设”，要求“坚持面向基层、服务群众，加快推进重点文化惠民工程，加大对农村和欠发达地区文化建设的帮扶力度，继续推动公共文化服务设施向社会免费开放”，“加强重大公共文化工程和文化项目建设，完善公共文化服务体系，提高服务效能。”[③]与此同时，中央和地方各级财政加大了对文化事业的投入力度，如图 1 - 1 所示，2002 年，全国文化事业经费为 83.66 亿元，人均 6.5 元，到 2011 年，我国文化事业经费达到 392.62 亿元，比 2002 年增长 369.30%，人均达到 29.14 元，在人口净增 4500 万的条件下，实现人均文化事业经费比 2002 年增长 3.5 倍。

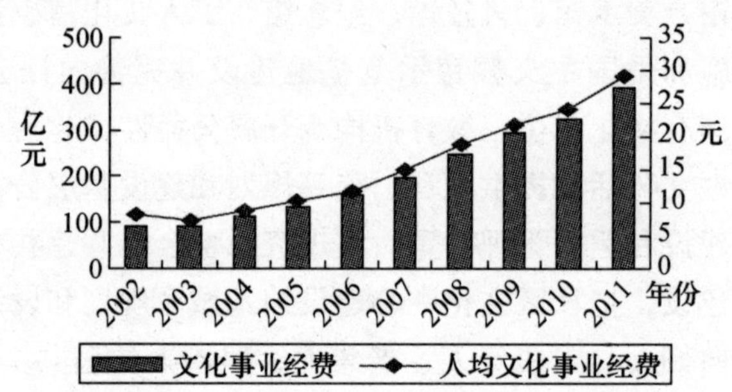

图 1 - 1　2002—2011 年我国文化事业经费

资料来源：《中国文化文物统计年鉴（2003—2010）》，2010—2011 年数据来源于文化部网站。

在国家政策的强力推动下，一批重大公共文化工程相继实施，全国文化信息资源共享工程、广播电视“村村通”、电影“2131”工程、送书下乡工程、流动舞台车工程、中国少儿歌曲创作推广计划等一大批重大文化工程的实施，推动了文化资源的整合和公共文化服务方式的创新，使公共文化服务体系的建设迈上了内容丰富、功能完善、覆盖面广、快捷方便的

① 《文化部关于印发〈文化部“十二五”时期文化改革发展规划〉的通知》（文政法发［2012］13 号），2012 年 5 月 7 日，http：//59.252.212.6/auto255/201205/t20120510_28451.html。

② 《文化部关于社会文化司更名的通知》（文人函［2012］830 号），2012 年 6 月 4 日，http：//59.252.212.6/auto255/201206/t20120607_28568.html。

③ 中国共产党新闻网：《胡锦涛在中国共产党第十八次全国代表大会上的报告》，2012 年 11 月 18 日，http：//cpc.people.com.cn/n/2012/1118/c64094 - 19612151.html。

新台阶。

二 理论研究

国家政策的大力扶持激发了学者们的研究热情，关于公共文化服务体系建设的理论与实践思考的文章大量出现。通过检索 CNKI，2006 年以来各类相关文章共有 2600 余篇（见表 1－1）。其他相关研究论文及经验总结散见于相关学术会议、各地文化蓝皮书、《中国文化报》、文化发展论坛及其他地方报刊媒体网站。由此可见，迄今关于公共文化服务体系的理论研究正形成一股学术热潮。

表 1－1 2006—2012 年 CNKI 数据库有关公共文化服务的文章数量 单位：篇

合计	中国期刊全文数据库	中国报纸全文数据库	中国博士学位论文全文数据库	中国优秀硕士学位论文全文数据库	中国重要会议论文全文数据库
2617	1044	1423	9	78	63

资料来源：中国知网。

从研究内容上看，国内学者主要围绕以下九个方面进行理论阐述：[①]一是关于公共文化服务体系基本概念和特征的研究；二是关于公共文化服务体系构建的基本原则的研究；三是关于公共文化服务体系构建主体的研究；四是关于公共文化财政支持及投入方式的研究；五是关于公共文化管理运作机制创新的研究；六是关于公共文化服务的法律法规的研究；七是关于公共文化服务的绩效管理与评估的研究；八是关于农村（及弱势群体）公共文化服务体系建设的研究；九是关于公共文化服务体系制度建设研究。其中较具代表性的研究成果有于 2005 年 10 月出版的《中国公共文化服务体系建设论丛》，它是国内第一本汇集国内学者研究构建公共文化服务体系的论文集，主要内容以理论探索和实践经验总结为主。[②] 深圳学者撰写的《公共文化服务体系研究》，结合了政策理论、公民文化权利和中国当时的政治背景，以深圳为具体案例，论述构建公共文化服务体系

① 参见任珺《公共文化服务体系研究综述：2004～2007 年》，中国网，http：//www. showchina. org/gqbg/2007/zgggwhfwfzbg/wz/200803/t152993. htm，2009－6－2；勾学海：《我国公共文化服务体系研究状况述略》，《河南图书馆学刊》2008 年第 5 期。

② 参见文化部社图司、中国文化报社主编《中国公共文化服务体系建设论丛》（全国公共文化服务体系建设交流研讨会·浙江长兴会议论文集）。

的设计框架和具体实施建议；[①] 另一理论成果《国家公共文化服务体系论》产生于2008年6月，《国家公共文化服务体系论》以严密的逻辑论述形成了国家公共文化服务体系完整的理论体系，它的主要内容是阐述国家公共文化服务体系的命题背景、论证基本框架、确立基本原则以及反映现实的文化体制障碍等，同时也对中国语境下的公民基本文化权益进行了界定与论述，并在目标及功能测值、财政投入和人力资源保障机制、制度创新等方面提出了系统性的方法论。[②]

国家政策在宏观层面的支持，相关研究在操作层面的逐步完善促进了我国区域公共文化服务体系实践的兴起。近年来，各地纷纷出台符合各地实际情况的公共文化服务体系建设规划、制度等。

第三节 我国区域公共文化服务体系实践模式探析

公共文化服务体系建设既是理论研究的热点问题，更是一项复杂的社会实践。随着我国区域公共文化实践的逐步开展，各地依据自身发展实际，逐渐探索出一些公共文化服务体系建设可资借鉴的模式。

一 软件平台推动型

1. 福田模式

通过打造公共文化建设的软件平台，为公共文化服务体系建设提供优良的环境支持，让公共文化资源在平台上实现优化整合与良性互动，促进公共文化服务能力的整体提升。

深圳市福田区在公共文化服务体系建设中，通过建立“文化政策指引、文化信息交流、文化设施分布、文化队伍建设、文化产品展示、文化遗产保护、文化服务评估、文化理论研究”八个平台，形成“结构合理、发展平衡、网络健全、产品丰富、运营高效、服务优质”的覆盖全社会的公共文化服务体系，以推进和落实辖区公共文化建设的发

① 参见杨晓芳《公共文化服务体系研究》，中国新闻出版网：http：//www. chinaxwcb. com/news/2007－06/27/content_ 58372. htm，2009－6－3。

② 参见王列生、郭全中、肖庆《国家公共文化服务体系论》，文化艺术出版社2009年版；艺术研究院网站，http：//www. zgysyjy. org. cn/newart/neiyongye. jsp？class_ id＝2642，2009－5－31。

展战略①。

2. 青岛模式

近年来，青岛市以实施全国文化信息资源共享工程为契机，大力打造信息共享平台，推进文化信息资源共享工程进农村、进社区、进家庭，积极探索出新形势下构建公共文化服务体系的有效形式，进一步满足了人民群众的精神文化需求。

一是重视基础平台建设。2002 年全国文化信息资源共享工程启动以来，青岛在调查研究的基础上，确定利用城市已有的网络资源优势，实现共享工程与公益文化单位（场所）、有线数字电视、农村党员干部现代远程教育网、农村中小学现代远程教育网、青岛政务网等设施载体分别对接，形成“五连线”格局。构建起了覆盖全社会的文化信息服务网络，使文化信息资源共享工程的信息资源最大限度地服务于普通百姓。②

二是重视人才培训，提高基层管理与服务水平。“共享工程”技术含量高，实施工作需要一批掌握计算机、网络、多媒体等技术的业务骨干和资源采集、整理、加工、开发方面的信息管理人才。为了顺利开展实施工作，青岛组织多批次市区两级文化馆的业务人员、各基层中心、基层服务点的工作人员集中进行业务培训，同时邀请专家对全市从事市、区、街道（镇）、社区（村）四级“共享工程”管理的业务人员进行培训。这确保了工作人员利用“共享工程”的设施中心和资源设备，开展培训、讲座等活动，使居民群众在自己家门口就能听到名人名家的讲座，就能有选择地欣赏优秀地方戏。

二　文化设施助推型

文化设施既是文化建设的标志，又是文化工作的基础，通过加强文化基础设施建设助推公共文化服务建设成为当前我国区域公共文化建设中的重要模式。

1. 江苏模式

江苏省的公共文化服务体系建设工作在近年来取得了较大的成就。江苏省积极建设和完善公共基础设施，为公共文化服务的开展提供了良好的

① 《深圳市福田区公共文化服务体系建设调研报告》，项目负责人：朱亚铭、王柏轩，福田政府网，http：//www. szft. gov. cn/sqmy/，2009 -6 -9。

② 参见青岛市文明办《青岛加快推进文化信息资源共享工程》，中国文明网，http：//www. godpp. gov. cn/cjzc_ /2006 -12/06/content_ 8704631. htm，2009 -6 -9。

载体。党的十七大以后，江苏省加大投入，全面规划并抓紧建设国家、省、市、县、城市社区和农村乡镇及行政村六级公共文化设施。一批重要的文化设施相继建成，成为公共文化服务建设的重要载体，较好地发挥了文化设施助推公共文化服务的功能；同时，出台一系列措施提高公共文化设施的运行管理效率，使其最大限度地发挥其价值。

2. 崂山模式

青岛市崂山区以保障群众基本文化权益为目标，大力推进公共文化设施建设，不断满足群众日益增长的精神文化需求，为经济发展和区域竞争力的提升开辟了广阔的发展空间。

全区的“文化设施配送工程”是最突出的亮点，为实现群众公共文化权利的均等化，崂山区积极打造“十分钟文化圈”，采取政府统一招标采购的方式，将公共文化设备、设施辐射到区、街、居三级网络，以满足广大基层群众对公共文化的需求。

同时，为解决群众读书难，崂山区又积极打造“书香满社区”品牌，先后在各社区建立了多个图书室，并依托新式物流，在全省范围内率先建立起了运转有效的区级“图书配送体系”。[①]

三 资源整合型

文化资源是文化生产力与公共文化服务体系建设的重要基础条件。在各地的实践中，通过整合文化资源，实现资源有效互通与合理流动达到优化配置，实现资源增值，促进公共文化建设的目的。

广东省在公共文化服务体系建设过程中，通过建立覆盖全省的流动图书馆、流动博物馆、流动演出网等，使文化资源充分利用，大大提升了区域公共文化服务水平，主要做法有[②]：

一是创建广东流动图书馆。由广东省立中山图书馆牵头，逐年吸纳全省欠发达地区（主要是粤东、粤西、粤北地区）的县级图书馆加盟，建立“广东流动图书馆”分馆，省馆为各分馆提供书籍，并在各分馆之间定期有序“流动”，最终流回省馆，循环往返，实现图书资源效益最大化。真正解决基层群众读书难的问题。

二是创建广东流动博物馆。由广东省博物馆牵头，逐年吸纳全省各级

---

① 参见王保生《崂山区大力推进公共文化服务体系建设》，崂山文化网，2007 年 8 月 1 日。

② 广东省文化厅：《构建公共文化服务体系　努力建设文化大省》，http：//www. gdbb. gov. cn/detail. jsp？infoid = 3787，2008 年 9 月 2 日。

博物馆加盟，建立“流动博物馆”分馆，以资源参与、责任共担、相互协助、协商调配为原则，策划组织一系列反映广东地方特色，并有较高水平的展览流动展出，同时引进国内外高水平展览以丰富城乡群众的文化生活，形成中心辐射，分级多点的流动博物馆网，每年推出数百场次以上的展览，解决基层群众看展览难的问题。

四　文化服务创新型

因地制宜是公共文化服务体系建设的重要原则，近年来，各地根据自身不同的自然地理、人文风土、社会经济环境纷纷进行了独具特色的公共文化服务创新尝试，整个公共文化服务体系建设工作呈现出欣欣向荣的景象。

1. *杭州模式*

杭州市在公共文化服务体系建设实践中，形成了独具特色的打造“15 分钟文化圈”理念，将公共文化活动的生产与配送相结合，积极建设完善基层文化设施，以保障基层群众的基本文化权益。

2. *嘉兴模式*

嘉兴将机制建设、设施建设、阵地建设与人才队伍建设的创新相结合，开创了以政府为主导提供公共文化服务的系统性模式。在公共文化服务建设工作中兼顾“硬件”与“软件”，极大地促进了公共文化事业的良好发展。

第四节　我国公共文化服务体系实践的发展趋势[①]

我国公共文化服务体系建设虽然起步晚，但发展较快，民众参与热情也被激发，全社会的公共文化意识观念逐渐形成。各地因地制宜纷纷出台相关政策措施支持文化建设，形成各具特色的公共文化体系，从各地实践模式的变化上看，我国公共文化实践有如下发展趋势：

一　由单一主体走向多元主体

在现代社会，享有公共文化服务是公民的基本权利，保证人的文化权

① 陈波、胡小红：《我国区域公共文化服务体系的实践模式及发展趋势》，《江汉大学学报》（人文科学版）2010 年第 3 期。

利，提供公共文化服务是政府的重要职责。国家广泛介入文化活动并成为提供公共文化服务的主导是人类文明进步的必然结果，长期以来，政府在公共文化实践活动中占据主导地位：一是主导政策的制定。中央和地方各级政府密集出台相关政策措施，鼓励支持公共文化建设，明确了发展方向和目标、在全社会达成基本共识。二是提供建设经费。在强调政府财政资金对公共文化服务投入增幅保证略高于同期财政收入增长幅度的同时，运用多方筹资、全民共建的原则，打破准入壁垒的限制，多渠道、多形式地筹集社会资金发展公共文化事业。

公共管理理论认为，政府作为公共文化服务的最重要责任主体，其职责并非包办公共文化服务，而是在合理界定政府与社会特别是与各类文化单位职能分工的基础上，动员社会力量广泛参与公共文化服务，形成政府主导、多元参与的公共文化服务体系。实际上，作为公益物品和服务的生产者的私人企业能够显著改善公共领域的效率。这就是说，公益性公共文化服务，可以通过政府直接投资生产和提供，也可以由企业来参与生产和经营，从而繁荣文化市场，提高公共文化供给的效率和质量。

二　由卖方市场逐步走向买方市场

长期以来，我国公共文化产品属稀缺资源，使公共文化产品的生产者（政府）更多考虑的是生产更多的产品来满足市场需求，而对改进产品质量，满足买方需求则缺乏意愿，公共文化产品市场是一个简单的卖方市场，即提供的公共文化产品考虑的首要条件是生产能力，对消费者的需求偏好考虑不多，表现为公共文化产品形式单一、传播渠道不畅等，增大了供给成本，弱化了基本效用。

市场理论认为，在卖方市场上，商品供给量少，由于供不应求而不能满足市场的需求，即使商品质次价高也能销售出去，商品价格呈上涨趋势。这时，买方对商品没有选择的主动权，卖方只关心产品数量，很少考虑市场需求。卖方在交易上处于主动地位。卖方市场的存在，意味着商品交换中买卖双方之间的平等关系，已被商品的供不应求所打破。卖方市场也是社会总供给和社会总需求比例失衡时出现的一种市场状况。

随着文化产品种类的日益丰富，消费形式的多样化，消费者选择自主性的增强，加之文化消费的多元化和产品的可替代性，决定了以往文化产品必然要面临的市场竞争格局，即在多元的文化产品消费体系中不仅要面临同类产品的竞争，而且要面临其他多元文化产品的竞争，由此决定了公共文化市场由卖方市场向买方市场转化的必然趋势。从我国公共文化建设的实际也可以看出，近年来各地纷纷推出需求导向的精神文化产品，由过去只注重产品或服务的数量逐步转变成既重视数量也重视质量。服务型政府的公共性和文化的公共性将文化发展与政府职责联系在一起。提供充分的公共文化服务、满足公众对公共文化的需求、保障公民的基本文化权利，是服务型政府在文化领域体现其公共性特征的有效措施。在建设公共文化服务体系中，政府应秉持为社会和公众服务的公共性价值理念，提供更多人性化的商品和服务。

三　由重过程变为重绩效

在公共文化建设的初期，由于没有可供遵循的实践模式，各地均在探索之中，政府将较多的精力集中在“如何做”上，往往重视公共文化实践的过程。随着公共文化实践模式的逐步成熟，各地对公共文化建设过程重视的同时，逐步重视建设的成果。表现为政府往往关注投入多少，建设了什么设施，出台了哪些措施，同时对相关资源投入的效用逐步开始建立相应的评估体系。公共文化服务体系建设的实质是服务型政府将部分社会资源通过转移支付的形式变成社会福利，让人民群众共享发展成果。绩效评价则是对政府服务型功能最好的评价，《国家“十一五”时期文化发展规划纲要》提出，中国将建立政府对公共文化事业投入的绩效考评机制，《纲要》要求各级党委和政府要把文化建设列入重要议事日程，建立工作责任制，把文化建设作为评价地区发展水平、衡量发展质量和领导干部工作实绩的重要内容。

建立科学合理的公共文化服务投入保障与考核机制、艺术创作激励和评价机制、文化投入绩效评估机制，有利于构建文化科学发展的体制机制。同时，将公共文化建设纳入领导干部的考核指标，研究制定详细、具体的公共文化工作考评标准，加强对基层政府文化工作的考核，促进管理的规范化、制度化①。

四　由重点突破到均衡发展

在公共文化实践建设的初期，公共文化资源相对有限的条件下，集中优势资源投入到人民群众最需要领域，重点突破，解决人民群众最基本的文化需求是各地公共文化实践普遍的做法。这种重点推进的模式有利于资源发挥最大效用，有利于实现社会福利最大化，符合经济社会发展的一般

---

① 方健宏：《尽快出台公共文化服务体系规则》，《南方日报》（网络版）2008年11月12日。

规律。随着公共文化建设的不断推进，公共文化服务产品不断丰富，越来越多地区施行将部分公共文化产品的供给转向其他地区，实现公共文化服务供给的均衡发展。

我国仍然处于社会主义初级阶段，城乡之间还存在着比较明显的差别，不但严重阻碍了经济社会的协调发展，而且直接影响了公共文化服务的均衡发展。区域差别导致公共文化发展的非均衡性是一种社会历史现象，在一定时期内将长期存在，通过科学有效的手段，统筹区域公共文化发展，缩小区域公共文化差距，实现基本公共文化服务均等化，就需要政府切实加强公共文化转移支付力度，增强乡村公共文化自我发展能力以及发展现代公共文化服务业态，实现区域公共文化普遍同质服务等①。

五　由项目推动到区域推进

自党的十七届六中全会将建设公共文化服务体系纳入国家“十二五”战略以来，为建立网络健全、结构合理、发展均衡、运行有效的公共文化服务体系，在国家文化部、财政部等相关部门的推动下，先后在各地培育了一批具有创新性、带动性、导向性、科学性的公共文化服务体系示范项目。随着我国经济发展和人民文化需求的日益增长，对公共文化服务的辐射范围和效能提出了新的要求。

党的十八大以来，根据党中央、国务院关于公共文化服务体系建设的战略部署，政府相关部门在推动国家公共文化服务示范项目培育的基础上，进一步推进了国家公共文化服务体系示范区创建的工作。2010 年，文化部和财政部下发了《关于开展国家公共文化服务体系示范区（项目）创建工作的通知》（文社文发〔2010〕49 号），创建工作的指导思想是以政府为主导，以公共财政为支撑，将基层特别是农村作为重点，坚持公益性、基本性、均等性、便利性的要求，服务全体人民。2011 年，文化部和财政部最终在全国 31 个省、市、自治区范围内评选了 28 个地区作为第一批国家公共文化服务体系示范区。2013 年，第二批国家公共文化服务体系示范区（项目）创建工作正式启动，示范区为我国公共文化服务体系建设探索路径、积累经验、提供示范，正为推动我国公共文化服务体系建设科学发展，促进基本公共文化服务均等化发挥着越来越重要的作用。

① 曾岩：《城乡公共文化统筹发展之我见》，文化发展网，2008 年 6 月 19 日。

第二章　我国公共文化服务体系建设与公共财政的关系研究

建设区域公共文化服务体系是落实我国经济、政治、文化、社会"四位一体"科学协调发展的基本内容和重要方式。公共财政是政府履行公共职能的重要物质基础、政策工具和管理手段，具有优化资源配置、调节收入分配、加强宏观调控、实施监督管理等重要功能作用。在建设公共文化服务体系的过程中，明确公共财政在区域公共文化建设过程中应该坚持的基本理念和基本原则，研究确立提高区域公共文化投入效率的途径和方法，对于建设我国公共文化服务体系具有重要的理论意义和实践价值。

第一节　我国文化财政体制演进的过程与阶段性特征

一　两个时期与三个阶段

新中国成立六十多年来，我国文化体制的发展大体经历了完全计划体制时期（1949—1978）和以市场为导向的转型过渡时期（1979—2012）。与此相对应，我国文化财政体制也历经了"统收统支"、"分类管理"和"分类 + 专项管理"三个发展阶段。

1. 文化体制发展的两个时期

新中国成立初期，随着大批民营艺术团体改造为国有文化单位，我国快速建立了以专业类型为基础、以文化单位为节点的国家文化生产和管理体系，俗称"文化系统"。在国家计划体制下，文化系统成为国家型"大工厂"中的一个"文化生产车间"。在这一生产体系之外，国家借助于行政指令体系建立了文化产品的计划分配渠道，并确立了以"干部调配、户籍调控和经费配给"为核心的文化生产保障机制。文化系统借助于

"制度的自我强化"过程，最终形成了以干部制度、户籍制度和公共预算制度这三大制度为基础，以系统封闭运行为主要特征的完全计划生产模式。自此以后，"文化行业系统"作为国家计划体制的一个组成部分，承担了国家文化艺术生产的任务。这一制度框架仍然是我国目前文化行业系统的主体性结构。

改革开放后，从经济领域的体制改革开始，中国社会进入了整体性的结构转型期。1978—1982 年，我国实行了"计划经济为主，市场调节为辅"的经济体制；1984—1988 年又实行了"有计划的商品经济"及"国家调节市场，市场引导企业"的经济体制；1989—1991 年又确立了"计划经济与市场调节相结合"的体制；到 1992 年，正式确立了"社会主义市场经济体制"。到 1994 年，我国初步建立了社会主义市场经济体制的宏观管理框架，并使"市场经济"逐渐成为现代人们的基本生活方式。这种社会基础结构的变迁使文化系统赖以生存和运转的社会基础发生了质的变化，原来文化行业赖以提供身份保障和"体制内"的合法性权利的基本社会制度，如户籍制度、单位福利制度、干部制度等，随着计划体制向市场体制的全面转轨而日益消解，文化系统进入全面转型过渡时期，原来在计划体制下确立的、以高度专业化为基础、以封闭式行业管理为特征的文化管理方式，不得不向以文化市场为基础、以面向社会实行开放型管理为特点的新型文化管理体系转变。这一过程即是我国文化行业的转型时期，它对我国文化行业的发展带来了全面而深刻的影响。

2. 文化财政体制的三个发展阶段

与我国文化体制改革和发展的进程相适应，我国文化财政体制的发展大体经历了三个阶段：

（1）"统收统支"阶段。新中国成立之初，在苏联模式的强烈示范下，我国确立了以国家快速现代化为目标的"赶超战略"。按照最大限度地集中社会资源尽快实现国家现代化的宏伟目标，中央政府以国家型大规模计划生产体系为基础，按照"行业分工—专业分类"的设计理念组建了我国的文化行业体系。与此相配套，同时建立了以"统收统支"为基础的文化事业经费投入和管理体系。在"统收统支、计划调配"的投入原则和国家财政的稳定投入支持下，国家所掌握的公共资源通过文化行业系统源源不断地流向基层文化单位，以维持文化行业的正常运转，我国文化领域形成了一种以"部门预算—生产管理"为基础框架的公共经费计划性集中管理模式。

(2)“分类管理”阶段。20世纪70年代末80年代初，在国家财政严重困难的强大压力下，文化财政体制进入到第一个体制调整阶段。1980年2月，国务院颁布了《关于实行“划分收支、分级包干”财政管理体制的暂行规定》，明确划分中央和地方财政收支范围，俗称“分灶吃饭”的财政体制初步确立。从新中国成立之初一直实行的高度集中的“统收统支”财政管理体制出现了根本性的变化。在文化领域，国家财政根据文化事业单位是否有“稳定的经常性业务收入”，将预算内事业单位区分为“全额预算管理”、“差额预算管理”和“自收自支管理”三种类型，文化财政有进有退、有保有放，重点保证公益性较强的文化事业单位(全额预算单位)的经费支出，对公共性与经营性兼有的文化单位(差额预算单位)实行财政差额补助，同时逐步退出对经营性文化事业单位(自收自支单位)的直接经费资助。

(3)“分类+专项管理”阶段。从20世纪90年代开始，面对经济社会高速发展带来的文化建设需求，在原有“分类管理”的基础上，中央财政建立了“定向增量投入”的财政体制，弥补分类管理体制的不足。立足于文化领域的重大建设需求，建立了以“专项基金”和“重大文化工程项目”为载体的第二条公共投入渠道，对公共文化领域进行增量投入和项目定向约束。通过设立宣传文化发展专项资金、优秀剧(节)目创作演出专项资金、国家电影事业发展专项资金、电影精品专项资金、出版发展专项资金等，增强对公共文化产品生产的财政支持力度。通过支持实施国家舞台艺术精品工程、中国民族民间文化保护工程、中华再造善本工程、全国文化信息资源共享工程、清史编纂工程、广播电视“村村通”工程、“西新工程”、农村电影放映工程、“农家书屋”等重大文化建设项目，着力加强文化遗产保护，推进农村和中西部地区公共文化建设，提升重大公共文化产品的国家供给能力。

二　阶段性特征

1. 建设型文化财政体制时期确立了以文化生产为核心的文化管理体制和财政配套投入机制

在新中国成立之初直到改革开放之初的计划体制时期，我国一直遵循“建设型财政”理念，围绕“文化生产”这一核心环节进行文化管理流程设计和财政配套，形成了国家文化行业管理系统和生产型财政配套投入系统。尽管“统收统支”、“分类管理”的文化财政模式是在财政极其困难条件下的自发性举措，但这一财政支持系统在当时的历史条件下仍然发挥了重要作用，如来自国家财政的稳定投入支撑了国家公共文化设施的建设，形成了我国公有文化设施体系；保证了国家公共文化机构的正常运行和基本文化阵地的稳定；支撑了我国文化人才队伍的建设和中华优秀文化传统的传承；支撑了民族国家的文化生产体系，生产出一批具有中国流派和中国特色的文化艺术精品，树立了国家的文化形象；支撑了国家意识形态系统，保证了党的舆论控制和文化领导权。

2. 公共财政体制时期推动了文化领域面向市场的体制改革和财政投入结构的转型

1994 年的分税制改革重构了中央与地方政府之间事权与财权的关系，建立了财政收入稳定增长机制。1998 年后，我国着手构建符合社会主义市场经济特征的公共财政管理体系，确立了“解决公共问题、满足公共需要”的公共财政目标，大幅度增加了对包括公共文化在内的社会公共需求的公共支出，国家文化财政体制的这种根本性的变化，对文化体制产生了重要的影响。

（1）按照文化单位的性质和类型，制定和实行了有区别的财政投入方式，建立了公共资助的初级结构。

按照文化机构的事业属性（公共性）与市场属性（经营性）的不同，将传统意义上的文化单位划分为公益性、准公益性（准经营性）和经营性三类，制定并实行不同的财政投入方式。将国家兴办的图书馆、博物馆、文化馆（站）、科技馆、群众艺术馆、美术馆等为群众提供公共文化服务的单位，划入公益性文化事业单位范围，给予重点保障；将党报、党刊、电台、电视台、通讯社、重点新闻网站、时政类报刊、少数承担政治性、公益性出版任务的出版单位，重要社会科学研究机构、体现民族特色和国家水准的艺术院团等文化机构归入“准公益性事业单位”，国家财政给予重点扶持，同时转变投入方式，逐步从直接拨款向项目投资、服务购买转变；将一般艺术院团、出版单位、报纸杂志以及新华书店、电影制片厂、影剧院、电视剧制作单位和文化经营中介机构等归入经营性文化单位范畴，制定相关财税优惠政策，财政承担必要的改革成本。

（2）按照公共服务均等化的要求，以保证弱势群体的文化权利和重大公共文化项目为重点，初步形成了公共文化经费的“主次结构”。

一是国家公共投入向农村和城市基层社区倾斜，重点支持农村公共文化建设。重点保障实施了广播电视“村村通”工程、文化信息资源共享工程、农村电影放映工程、乡镇综合文化站建设工程和“农家书屋”工程等农村和城市社区公共文化建设重点项目。二是向文化遗产保护领域倾斜，重点保障有关文化遗产保护的重大项目。支持实施了国家重点文物保护、大遗址保护、文物普查、非物质文化遗产保护、古籍保护、清史纂修、昆曲和重点京剧院团保护等项目。三是向内容生产领域倾斜，重点保障实施了“国家舞台艺术精品工程”、“国家重大出版工程”、“国家重大历史题材美术创作工程”、中华文化“走出去”工程等重大文化项目。四是向保障公民公共文化权益方面倾斜，支持博物馆纪念馆免费开放；重点补助地方博物馆免费开放的资金缺口，支持各省市重点博物馆提升服务能力，鼓励地方博物馆改善陈列布展和举办临时展览，对免费开放工作突出的省份给予奖励等。

（3）根据区域发展不均衡的实际，确立了以专项资金和重大工程为核心的增量投入机制，形成了区域财力与事权相对平衡的宏观投入结构。

20世纪90年代中期以来，国家财政增加了专项资金的管理方式，启动了一批大型文化建设工程，以扶持和推进地方特别是中西部地区公共文化发展。“十五”期间，中央财政对上述专项累计投入近30亿元。中央财政通过专项资金和重大工程项目经费对地方进行补助，充分利用专项资金和重大工程项目资助方式直接、见效快的特点，对地方特别是中西部地区进行定向投入，在一定程度上调整了中央财政与地方财政、东部与中西部之间的财力与事权的关系，体现了中央财政平衡地方文化建设中财权与事权的努力。

第二节　公共财政与公共文化建设关系的实证研究

一　国家公共文化投入的总体性特点

1. 公共文化支出比重总体上呈下降趋势，在一个较低水平上保持相对稳定

从“六五”到“九五”，我国文化事业经费的投入比重一直维持在

0.45%以上，“十五”以后，尽管投入的绝对数不断增加，但文化事业经费的投入比重一直维持在较低水平。文化事业的财政拨款总额占国家财政总支出的比重在“六五”期间达到0.52%高峰后逐年下降，到“十五”的2001年则降至0.40%，至2011年，国家财政对文化事业的投入比重一直维持在不高于0.4%的水平。

表2-1　全国文化事业财政拨款占国家财政总支出的比重　单位：亿元，%

时间	文化事业经费	国家财政总支出	占国家财政总支出比
“六五”时期	36.03	6952.0	0.52
“七五”时期	62.45	13978.3	0.45
“八五”时期	121.23	26092.5	0.46
“九五”时期	254.51	56897.94	0.45
2001年	70.99	18844.00	0.40
2002年	83.66	22012.00	0.38
2003年	94.03	26768.00	0.35
2004年	113.63	28360.79	0.40
2005年	133.82	33708.12	0.40
2006年	158.03	40213.20	0.39
2007年	198.96	49565.4	0.40
2008年	248.04	62427.0	0.40
2009年	292.31	76299.93	0.38
2010年	323.06	89575.38	0.36
2011年	392.62	108929.67	0.36

资料来源：文化部编：《中国文化文物统计年鉴（2012）》，国家图书馆出版社2012年版。其中，文化事业经费统计不含文物、出版及科学研究经费。

以上数据说明，近年来，我国政府用于公共文化服务领域的支出始终保持在较低的层面，我国的公共财政支持公共文化建设的体制尚未建成，还没有完全形成公共文化服务可持续发展的财政支持体制。

2. 中央财政文化体育与传媒事业支出增幅高于同期经常性财政支出增幅，而地方财政文化体育与传媒事业支出增幅低于同期经常性财政支出增幅

近年来，中央和地方财政支出增长较快（见图2-1），2001年中央财政安排文化体育与传媒事业经费为26.9亿元，同期地方财政投入266.6亿元；2002年中央财政支出安排增加到40.47亿元，增长50.45%，同期地方

财政文化体育与传媒事业经费则达到320.04亿元，增加20.05%，比中央财政支出增幅少30.4个百分点。随着财政收入的增加，中央和地方财政对文化体育与传媒事业的投入逐年增加，至2010年中央和地方文化体育与传媒事业经费分别达到150.13亿元和1392.57亿元（见图2－1），分别比2000年增长458.10%和422.34%，年均增幅分别为24.86%和16.37%，而同期中央财政和地方财政支出平均增幅为10.95%和20.55%。①

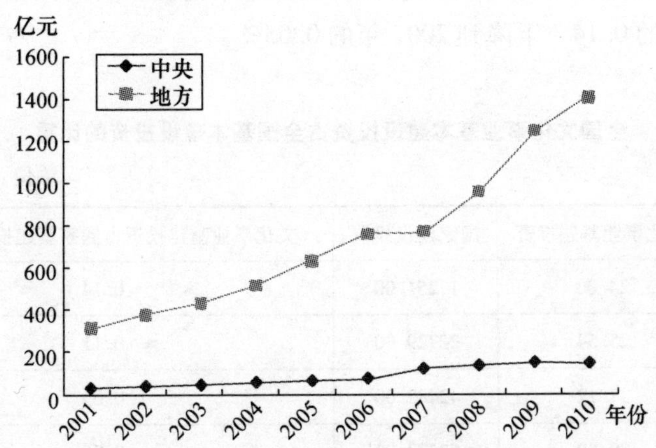

图2－1　2001—2010年中央和地方财政文化体育与传媒支出比较

资料来源：《中国财政统计年鉴（2001—2011）》，其中2000—2006年数据为文化体育与传媒事业经费，2007—2011年数据为文化体育与传媒事业经费。

比较财政经常性支出增幅和文化体育与传媒事业经费增幅发现，2001—2010年间，除2005年外，中央财政的文化体育与传媒事业的财政支出增幅均高于当年经常性支出增幅。10年间中央财政文化体育与传媒的支出增幅平均高于同期中央财政支出增幅十几个百分点，凸显了中央财政对公共文化建设的主动性和优先责任。

2001—2010年间，地方财政文化体育与传媒的支出增幅则始终与当年基本支出增幅相当，2010年地方财政的文化体育与传媒经费增速明显放缓，这说明中央和地方政府在公共文化建设目标定位上存在差别。

值得注意的是，虽然中央财政文化体育与传媒投入的增幅较大，但由于

① 中央财政支出不含对地方的返还和转移支付项目。

基数较小，投入总量并不大，较大的增幅大部分是一种“补偿性”增长。

3. 相比较其他公共产品，国家对公共文化产品的投入比例较小

从文化事业基本建设投资占全国基本建设投资的比重来看（见表2-2），2003—2007年，我国文化基本建设投资总体上呈下降的趋势。2003年基本建设投资为25.54亿元，2004年为37.12亿元，2005下年降到29.89亿元，2006年为37.17亿元，2007年为40.08亿元。尽管绝对数有所增加，但文化基本建设投资占全国基本建设投资的比重逐年下降，由2002年的0.14%下降到2007年的0.05%。

表2-2　全国文化事业基本建设投资占全国基本建设投资的比重

单位：亿元，%

年份	文化事业基建投资	国家建设投资	文化事业基建投资占国家基建投资的比重
2002	24.00	17251.00	0.14
2003	25.54	22729.00	0.11
2004	37.12	42482.00	0.09
2005	29.89	53572.90	0.06
2006	37.17	66672.40	0.06
2007	40.08	83543.50	0.05
2008	44.46	—	—
2009	81.67	—	—
2010	75.14	—	—
2011	77.72	—	—

资料来源：文化部编：《中国文化文物统计年鉴（2012）》，国家图书馆出版社2012年版。其中，文化事业基建投资为文化事业统计年报中文化事业基建实际完成投资额（包括国家预算内投资、自筹投资和银行贷款等）。文化事业基建投资为文化部系统的建设投资，不含文物、出版的基建投资。

相比较公共财政对教育、科技的投入，对公共文化的投入则表现为明显的弱势（见表2-3），公共财政支持教育事业经费由2006年的4780.41亿元增加到2010年12550.02亿元，分别占当年财政总支出的11.83%和

13.96%，同期科技事业费用则由2006年的483.36亿元增加到2010年的3250.18亿元，占财政总支出的比重由1.2%增加到3.62%。相比较对教育、科技等的投入，公共财政对公共文化的投入还有很大的提升空间。

表2-3　　国家财政文教科学卫生事业经费支出情况　　单位：亿元，%

	2006年		2007年		2008年	
	绝对值	占财政总支出比重	绝对值	占财政总支出比重	绝对值	占财政总支出比重
文化事业经费	158.03	0.39	198.96	0.4	248.04	0.4
教育事业经费	4780.41	11.83	7122.3	14.31	8937.9	14.32
卫生事业经费	1320.23	3.27	1990	4	2722.4	4.36
科技事业经费	483.36	1.2	1783	3.58	2108.3	3.38
	2009年		2010年			
	绝对值	占财政总支出比重	绝对值	占财政总支出比重		
文化事业经费	485.57	0.64	529.54	0.59		
教育事业经费	10437.54	13.68	12550.02	13.96		
卫生事业经费	3994.19	5.23	4804.18	5.35		
科技事业经费	2744.52	3.60	3250.18	3.62		

资料来源：文化部计财司，2009年8月，2010年数据来自《中国文化文物统计年鉴（2011）》。

4. 区域发展水平差异导致地方文化保障程度出现较大落差，区域间文化事业投入差距较大

从投入绝对数上看（见表2-4），2011年，全国文化事业经费达392.62亿元，比2007年增加193.66亿元，同比增长97.34%。各省（区、市）文化事业经费较2007年都有较大幅度的增长，有21个省份的增幅超过了100%。其中，增幅最高的为海南省，高达276.77%，其次为陕西和重庆，增幅分别为206.43%和186.85%。分地区看，文化事业经费最高的省份为广东省，达33.74亿元，最低为西藏，仅为1.92亿元，二者相差16.57倍。从分省情况看，2011年文化事业经费超过15亿元的省份有7个，分别是广东（33.74亿元）、浙江（28.86亿元）、上海（24.18亿元）、江苏（22.81亿元）、四川（20.58亿元）、北京（17.91亿元）、山东（17.54亿元），而前7个省（市）的文化事业经费为后7位的4.8倍，文化事业投入的区域差距明显。

表2－4　2007—2011年全国省（市、区）文化事业经费情况表　单位：亿元

省份 \ 年份	2007	2008	2009	2010	2011
全国	198.96	248.04	292.31	323.06	392.62
北京	12.70	14.81	13.91	16.17	17.91
天津	4.19	5.28	5.94	5.63	7.46
河北	4.57	5.14	6.75	7.03	9.30
山西	5.56	7.38	6.89	7.80	11.18
内蒙古	5.35	6.63	9.08	11.30	12.77
辽宁	6.29	8.32	10.39	11.34	10.93
吉林	4.15	5.46	8.20	9.03	9.30
黑龙江	5.01	5.45	6.61	7.46	8.80
上海	11.16	13.41	17.96	18.63	24.18
江苏	11.18	13.85	15.64	16.31	22.81
浙江	14.92	18.92	21.07	24.20	28.86
安徽	4.53	5.09	6.80	7.68	9.14
福建	5.47	6.73	8.96	10.19	10.76
江西	3.48	4.53	6.68	7.34	6.96
山东	9.27	11.68	12.74	13.89	17.54
河南	5.51	7.78	9.16	9.51	12.24
湖北	6.11	7.22	9.79	11.44	10.81
湖南	4.57	5.58	8.80	8.61	9.88
广东	17.52	20.32	22.62	26.99	33.74
广西	3.57	5.08	6.81	8.01	8.27
海南	0.99	2.23	2.56	2.74	3.73
重庆	3.27	4.63	5.15	7.74	9.38
四川	7.26	11.08	11.82	14.39	20.58
贵州	2.96	3.88	5.33	5.37	7.48
云南	5.65	7.94	7.63	8.69	12.16
西藏	0.98	1.11	1.29	2.11	1.92
陕西	3.89	6.00	7.25	8.95	11.92
甘肃	3.08	3.94	4.70	5.56	8.34

续表

年份 省份	2007	2008	2009	2010	2011
青海	1.37	1.48	2.56	4.11	3.41
宁夏	1.37	2.32	2.47	2.45	3.55
新疆	3.95	4.67	6.07	7.13	8.80

资料来源：文化部计财司，2012 年 8 月。

从投入相对数上看，2011 年全国文化事业经费占国家财政总支出（108929.67 亿元）的比重为 0.36%。分地区看，2011 年文化事业经费占财政支出比重最高的省份为浙江省，达到 0.75%，最低的为河北省，为 0.25%。从分省情况看，文化事业经费占财政支出的比重超过 0.5% 的省份有 8 个，分别是浙江（0.75%）、北京（0.60%）、福建（0.60%）、上海（0.56%）、青海（0.55%）、吉林（0.51%）、内蒙古（0.50%）、广东（0.50%），这 8 个省（市）文化事业经费占财政支出的平均比重达到 0.57%，是后 8 个省（市、区）的 1.84 倍，可以看出，我国区域间文化事业投入差距较大（见表 2－5）。

表 2－5　2007—2011 年全国省（市、区）文化事业经费占财政支出比重情况

单位：%

年份 省份	2007	2008	2009	2010	2011	2011 年排名
全国	0.39	0.40	0.40	0.38	0.36	
北京	0.49	0.77	0.76	0.60	0.60	2
天津	0.54	0.62	0.61	0.53	0.41	14
河北	0.37	0.30	0.28	0.29	0.25	31
山西	0.39	0.53	0.56	0.44	0.40	15
内蒙古	0.42	0.49	0.45	0.47	0.50	7
辽宁	0.37	0.36	0.39	0.39	0.35	22
吉林	0.48	0.47	0.46	0.55	0.51	6
黑龙江	0.37	0.42	0.35	0.35	0.33	25

续表

年份 省份	2007	2008	2009	2010	2011	2011 年排名
上海	0.49	0.51	0.52	0.62	0.56	4
江苏	0.52	0.44	0.43	0.39	0.33	26
浙江	0.87	0.83	0.86	0.79	0.75	1
安徽	0.38	0.36	0.31	0.32	0.30	29
福建	0.67	0.60	0.60	0.63	0.60	3
江西	0.40	0.38	0.38	0.43	0.38	18
山东	0.42	0.41	0.43	0.39	0.34	23
河南	0.28	0.29	0.34	0.32	0.28	30
湖北	0.51	0.48	0.44	0.47	0.46	10
湖南	0.38	0.34	0.32	0.40	0.32	28
广东	0.60	0.55	0.54	0.52	0.50	8
广西	0.47	0.36	0.39	0.42	0.40	16
海南	0.48	0.40	0.63	0.53	0.47	9
重庆	0.39	0.43	0.46	0.40	0.45	11
四川	0.38	0.41	0.37	0.33	0.34	24
贵州	0.38	0.37	0.37	0.39	0.33	27
云南	0.67	0.50	0.54	0.39	0.38	19
西藏	0.40	0.36	0.29	0.27	0.38	20
陕西	0.35	0.37	0.42	0.39	0.40	17
甘肃	0.49	0.46	0.41	0.38	0.38	21
青海	0.50	0.49	0.41	0.53	0.55	5
宁夏	0.53	0.57	0.72	0.57	0.44	12
新疆	0.47	0.50	0.44	0.45	0.42	13

资料来源：文化部计财司，2009 年 8 月。2010 年数据来自《中国文化文物统计年鉴（2011）》。

从人均文化事业经费上看（见表 2－6），各省（区、市）人均文化事业经费较 2007 年都有较大幅度的增长，2011 年全国人均文化事业经费为 29.14 元，比 2007 年增加 14.08 元，同比增长 93.49%；有 21 个省份的增幅超过了 90%。其中，增幅最高的为海南省，增幅高达 264.13%，其次为陕西和四川，增幅分别为 207.14% 和 186.23%。分地区看，人均文化事业费最高的省（市）为上海市，达103.01元，最低的为河北省，仅为12.85元，二者相差7.02倍。从各省份情况看，2011年人均文化事业经费超过50元的省份有8个，分别是：上海（103.01元）、北京（88.71元）、西藏（63.5元）、青海（60.06元）、宁夏（55.62元）、天津（55.05元）、浙江（52.83元）、内蒙古（51.45元），而这8个省（市、区）人均文化事业经费是最后8位省（区、市）的3.58倍。公共财政在文化投入领域的地区差距显著。

表2-6　2007—2011年全国省（市、区）人均文化事业经费　单位：元,%

省份／年份	2007	2008	2009	2010	2011	2011年排名
全国	15.06	18.68	21.90	24.11	29.14	
北京	77.75	87.40	79.24	82.44	88.71	2
天津	37.61	44.88	48.38	43.55	55.05	6
河北	6.58	7.36	9.60	9.78	12.85	31
山西	16.21	21.63	20.11	21.84	31.13	16
内蒙古	22.24	27.47	37.50	45.73	51.45	8
辽宁	14.19	19.28	24.05	25.93	24.93	21
吉林	15.19	19.98	29.91	32.89	33.85	11
黑龙江	13.09	14.26	17.26	19.48	22.94	22
上海	60.06	71.02	93.51	80.92	103.01	1
江苏	14.66	18.04	20.25	20.74	28.88	18
浙江	29.47	36.94	40.68	44.46	52.83	7
安徽	7.4	8.30	11.09	12.91	15.31	28
福建	15.28	18.68	24.69	27.61	28.94	17
江西	7.94	10.31	15.07	16.47	15.52	27
山东	9.9	12.40	13.45	14.50	18.20	25
河南	5.89	8.25	9.66	10.12	13.04	30
湖北	9.74	12.64	17.11	19.98	18.77	24
湖南	7.19	8.74	13.73	13.11	14.98	29
广东	18.54	21.29	23.47	25.88	32.12	14

续表

省份/年份	2007	2008	2009	2010	2011	2011 年排名
广西	7.49	10.56	14.02	17.40	17.81	26
海南	11.68	26.16	29.66	31.55	42.53	9
重庆	11.61	16.30	18.00	26.81	32.13	13
四川	8.93	13.61	14.45	17.89	25.56	20
贵州	7.87	10.24	14.02	15.45	21.56	23
云南	12.54	17.47	16.68	18.90	26.26	19
西藏	34.5	38.68	44.69	70.12	63.50	3
陕西	10.37	15.95	19.21	23.97	31.85	15
甘肃	11.79	14.99	17.85	21.73	32.52	12
青海	24.83	26.66	45.88	73.07	60.06	4
宁夏	22.51	37.60	39.44	38.85	55.62	5
新疆	18.84	21.89	28.11	32.67	39.82	10

资料来源：文化部计财司，2012 年 9 月。

二 湖北公共文化投入的结构性特征

1. 影响地方政府文化体育与传媒财政支出水平的因素分析

课题组以 76 个县（市、区）2008 年文化体育与传媒财政支出额进行正态检验，[①] 以此分析地方财政的公共文化支出情况。

统计学上的正态性检验一般是应用 W 检验法，这种检验方法是 Shapiro 和 Wilk 提出并加以论证的检验方法。W 检验法是检验总体是否服从正态分布，它的步骤是：

（1）设 H_0 为总体 X 服从正态分布；

（2）由样本的顺序统计量 $X_{(1)}$，$X_{(2)}$，…，$X_{(n)}$ 的观测值计算统计量

$$L = \sum_{K} a_k (X_{N+1-K} - X_{(K)})$$

$$W = \frac{L^2}{\sum_{i} (X_i - \bar{X})^2}$$

① 统计学认为在一般情况下，大样本（大于 50）在一定规则下会遵循正态分布；反之，若样本呈非正态分布，则说明其组织排列不规则，由外力（或人为）作用。

的观测值，公式中的系数 a_k 可以由 W 检验用表中查出，$k=1, 2, \cdots, l$，当 n 为偶数时 $l=0.5n$，当 n 为奇数时 $l=0.5(n-1)$；

(3) W 检验统计量的观测值用 ω 表示，W 检验的临界值用 ω_α 表示，ω_α 可根据 n，由 W 检验用表中查出，当 $\omega>\omega_\alpha$ 时接受 H_0，否则放弃 H_0。

A：对文化体育与传媒财政支出（不包括上级专项补助）数据进行 W 检验，经过计算，统计量的值为 0.947105，W 检验的临界值是 0.859，$P\{W<0.859\}=0.05$，而 $P\{W<0.947105\}=0.0032<0.05$，因此放弃原假设，认为该总体不服从正态分布。

B：对文化体育与传媒财政支出（包括上级专项补助）数据进行正态性检验，经过计算，检验统计量的值是 0.940775，W 检验的临界值是 0.859，$P\{W<0.859\}=0.05$，而 $P\{W<0.9407755\}=0.0015<0.05$，因此放弃原假设，认为该总体不服从正态分布。

上述分析结果表明，地方财政在文化体育与传媒方面支出无论是否包括上级补助均不服从正态分布，说明地方财政在文化体育与传媒方面的支出具有较强的随意性，约束性较弱。也就是说，当前公共财政支持文化建设缺乏统一的刚性约束，地方政府在实践过程中积极性不高，且这一结果不受上级专项补助的影响。

2. 地方财政经常性收入和文化体育与传媒财政支出的关系分析

课题组以文化体育与传媒财政支出作为因变量，以经常性收入作为自变量，运用最小二乘回归法（*OLS*）分析两者之间可能的内在联系。①

假设 $E(Y)=\alpha+\beta x$ 就是一元线性回归方程，α 的估计值为 $\hat{\alpha}$，β 的估计值为 $\hat{\beta}$，根据样本的观测值可以应用最小二乘法来确定 $\hat{\alpha}$，$\hat{\beta}$，得到经验回归方程 $y=\hat{\alpha}+\hat{\beta}x$。即当由 (x_i, y_i) 求出 $\hat{\alpha}$，$\hat{\beta}$ 及 $\hat{y}_i=\hat{\alpha}+\hat{\beta}x_i$ 使 $Q=\sum_i[y_i-(\hat{\alpha}+\hat{\beta}x_i)]^2$ 的值最小时，取得回归方程，本书选择 T 检验进行系数检验。

A：对文化体育与传媒财政支出（不包括上级专项补助）与经常性收入进行回归分析：

通过线性回归计算，我们得到线性回归方程：

---

① 线性回归模型的建立，主要是应用最小二乘法的方法进行参数估计。一元线性回归可用来分析自变量取值与因变量取值的内在联系。

$$Y = 0.00692X + 103.11961,\ r = \begin{pmatrix} 1.0000 & 0.63858 \\ 0.63858 & 1.00000 \end{pmatrix}$$

其中，Y代表文化体育与传媒财政支出（不包括上级专项补助），X代表财政经常性收入，相关系数r为0.64。$p < 0.0001$，通过检验，说明一次项拟合较好，方程通过检验，见图2－2。

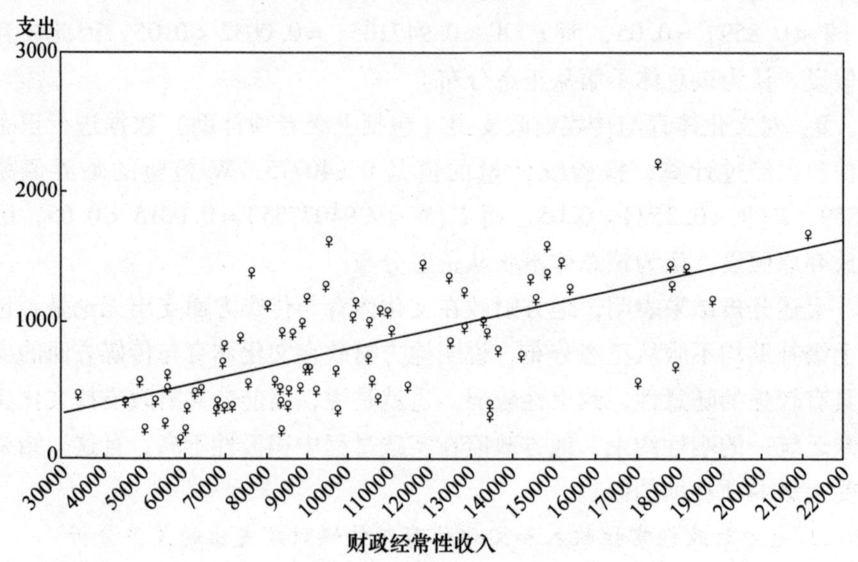

图2－2　拟合曲线图（不包括上级专项补助）

B：对文化体育与传媒财政支出（包括上级专项补助）与经常性收入进行回归分析：

通过线性回归计算，我们得到线性回归方程：

$$Y = 0.00692X + 103.11961,\ r = \begin{pmatrix} 1.0000 & 0.64975 \\ 0.64975 & 1.00000 \end{pmatrix}$$

其中，Y代表文化体育与传媒财政支出（包括上级专项补助），X代表财政经常性收入，相关系数r为0.65。$p < 0.0001$，通过检验，说明一次项拟合较好，方程通过检验，见图2－3。

从以上分析结果可以看出，无论有无上级专项文化经费补助，地方政府在文化体育与传媒方面的支出都与当地经常性财政收入线性相关。这一结果说明，地方政府在文化体育与传媒方面的公共支出受到当地财政收入的强烈影响，这一结果也解释了我国公共文化投入的地区差异，证明了中

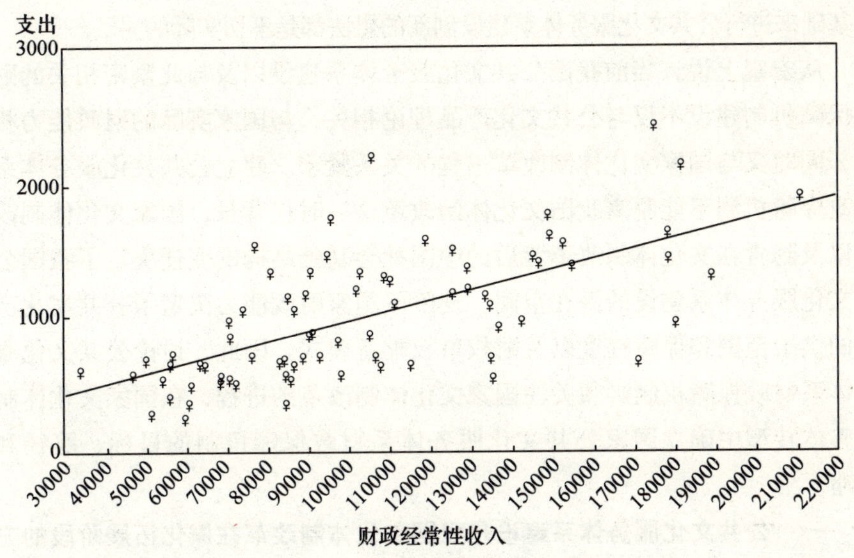

图2-3　拟合曲线图（包括上级专项补助）

央财政支持中西部经济欠发达地区公共文化建设的合理性与必要性。

此外，对不包括上级专项补助与包括上级专项补助的相关系数进行比较发现，二者几乎相当（二者分别为0.64和0.65），显示目前的专项补助并不能提高地方政府的积极性，可能的原因一是专项补助相对于地方政府当年在文化体育与传媒方面的支出，国家补助数额较小，难以对政府决策产生影响；二是中央专项补助形式单一，无法完全考虑地方实际情况，如补助的计算不尽科学、执行成本存在差异，以及无法满足“地方偏好”等因素。

第三节　深化文化体制改革背景下公共财政与公共文化建设的关系分析

我国公共文化服务体系建设，与当前我国政治、经济和文化体制相关联。公共文化服务体系建设的制度创新必然要遵从现行的政策法规、意识形态和体制规则。因此，其过程不是一个完全“打破再重建”的“新生”过程，而更趋向于一种对现行体制背景下的制度调整和改革，任何脱离时代背景和行业基础来进行公共文化服务体系建设创新的想法都是不切实际的。①

从宏观上说，当前我国公共文化服务体系建设以及与此紧密相关的财政保障机制建设不仅与公共文化产品理论相关，与国家实际的财政能力相连，同时又与国家文化体制改革进程的关系紧密。建立公共文化服务体系财政保障机制不能脱离我国文化体制改革这一时代背景，国家文化体制改革以及隐含在文化体制改革背后的中国社会基础结构的变迁决定了我国公共文化服务体系建设的潜在空间，现阶段国家财政能力决定了公共文化产品的供给范围和保障程度以及财权事权配备模式。因此，讨论公共文化服务体系财政保障机制必须关注国家文化体制改革的进程，在国家文化体制的整体转型中确立国家公共文化服务体系财政保障机制的目标、路径和策略。

一　公共文化服务体系建设是我国文化体制改革在深化拓展阶段的方向性体现

中国文化体制三十多年来的改革过程是文化行业内计划体制因素逐步弱化和市场体制因素逐步强化的制度变迁过程。1978—2004 年，我国文化行业内形成了计划调控与市场主导双元结构和双轨并存的体制格局。这一时期的文化行业，市场经济制度因素快速成长，计划制度的因素逐渐减少，但从总体上说，文化行业内的体制变迁整体上仍然是一种量的改变而不是质的变化。例如，这一时期内文化体制改革并没有一个既定的和明确的目标，而是大量套用经济体制改革的现成经验，在改革的进程中不断“试错”，直至党的十六大将“文化”明确区分为“文化事业”与“文化产业”以后，我国文化体制改革的总目标和分类改革的基本路径才最终得以确立。这一时期，文化行业的改革是一种部分的、分项的而不是整体的改进，改革从日常经营的微观层次开始，逐步涉入中观层次的人事制度和财务制度改革，最后再进入到位于文化体制核心的产权制度改革。1978—2004 年，文化行业的日常经营管理制度和人事财务制度改革取得了积极的进展，但在产权制度改革方面进展有限。

我国的文化体制改革最初在全国范围内选择了一批试验地区和整体的改进试验单位，试点共 42 个，试点类型包括了地方政府、公益性文化事

① 傅才武：《公共文化服务体系建设在国家文化战略中的价值定位》，《华中人文论丛》2010 年第 1 期。

业单位、新闻出版机构和文化企业等。文化体制改革试点工作于2005年告一段落，通过在试点进行的尝试性实践和经验总结，相继确立了我国文化事业改革的基本路径和基本目标，即“公益性和经营性分途发展”，在文化事业层面的体制改革遵循“增加投入、转换机制、增强活力、改善服务”的原则，文化产业发展则以“减少层次、理顺关系、面向市场、提高效率”为目标。因此，文化体制改革进入了深化和拓展的新历史阶段。

我国文化体制改革与我国公共文化服务体系建设相辅相成。可以说，我国公共文化服务体系建设正是我国文化体制改革发展到深入拓展阶段的创新体现。具体说来，我国公共文化服务体系建设起着文化体制改革的导向性载体作用，但区别于传统的文化事业体制的改革，我国公共文化服务体系建设呈现出如下特点：

一是公共文化服务体系的总体建设理念是保障公民的基本文化权利，满足广大人民群众的精神文化需求，而传统文化事业体制则具有鲜明的政治和意识形态特征，其制度构建的根本出发点是为政府和政权服务，终极目标则是作为国家宣传机器更行之有效地体现政府意志，在某种程度上带有一种“意识形态前置”的强制性。

二是基于公共文化服务体系惠及大众的基本理念，在思想理论上，它不同于传统文化事业体制遵循的“精英文化趣味”的导向，表现为更关心基层大众的文化价值取向。尽管在时代背景的限制下，公共文化服务体系建设不可能完全脱离“精英文化”的强制性引导，但在更多的时候，它对多样化需求的基层群众的文化取向持以尊重和关注的态度，并尽量以科学开放的价值观引导“大众文化”的审美趋向，积极促成主流文化与大众文化的对话机制。

三是公共文化服务体系是一种“以需求为中心”的管理体制，它以社会文化需求为导向，以提高公共文化产品（服务）的供给效用和满足多样性文化需求为目标。而传统的文化事业体制以高度专业化分工为基础，按照文化生产的过程环节设计文化管理流程，管理侧重于文化生产层面，在一定程度上具有不受市场需求制约的单向性特征。

四是公共文化服务体系是一种外向开放型体制，其建设必须有效整合社会各层面的力量，统筹各种公共资源，才能达到资源优化配置，供给与需求均衡的良好效果。而传统的文化事业体制则相对趋于封闭，具有“行业进出壁垒”与“资源体制内循环”的基本特点。这种运行机制使得管理部门各安其政、行业之间互不相关，人才和资本的流动渠道也因此趋于狭窄。

二　立足国家文化发展战略，建立财政与公共文化服务的良性互动关系是完善公共文化服务体系建设财政框架设计的科学路径

我国政府早在新世纪伊始就已将公共文化服务体系建设纳入了国家文化战略。《中共中央关于制定国民经济和社会发展的第十一个五年规划的建议》（2005 年）中明确提出，要“加大政府对文化事业的投入，逐步形成覆盖全社会的比较完备的公共文化服务体系”。2006 年，政府又分别在全国人大第十届第四次会议的《政府工作报告》和《国家“十一五”时期文化发展规划纲要》中对公共文化服务体系建设工作的重要性进行了再次强调，并明确了目标和基本内容。随后的三年中，中央又出台了《关于加强公共文化服务体系建设的若干意见》等纲领性文件，并多次通过全国人大会议的《政府工作报告》提出指导性意见，对公共财政投入公共文化服务体系作出了指示。①

1. 建立公共文化投入与需求总量相对均衡的结构

我国公共文化供给长期以来一直处于严重不足的状态，已不能满足广大人民群众，尤其是基层群众日益增长并渐趋多样化的文化需求。究其根本原因，主要在于我国对公共文化的财政投入长期处在投入总量相对较小、投入范围相对较狭窄、投入的力度和持续性相对不稳定的状态。这不仅使公共文化产品的供给缺乏保障，也使得相关行业的发展出现了严重的不均衡，因此，首要问题是要增加财政对文化投入的总量，加大投入的力度。

增加投入总量需要重新确立公共文化项目的投入标准和核算依据。目前我国实行的“部门预算”和专项支付的财政投入方式，体现的是一种“以生产为中心”的预算管理理念，本质上是一种在总量投入不足情况下的过渡性策略。公共文化服务体系建设要求按照“以需求为中心”进行预算管理，重新确立公共文化产品的保障范围、保障标准和保障方式，并切实提高保障水平。

2. 建立中央与地方之间公共文化支出责任相对均衡的结构

我国公共文化产品的供给实行以政府为主体的生产和供给体制，但由

① 傅才武：《公共文化服务体系建设在国家文化战略中的价值定位》，《华中人文论丛》2010 年第 1 期。

于我国五级政府架构，使委托关系过长，中央与地方政府间关于公共文化的支出责任划分不清，造成了地方政府与中央政府在公共文化支出责任上的“不良博弈”。中央一般性转移支付对于公共服务均等化的作用随着政府层级的延伸而逐渐弱化。由于缺乏来自中央政府的刚性评价约束，地方公共文化产品的供给受制于地方领导层以经济发展为优先目标的“政绩偏好”，直接影响到基层公共文化产品的供给水平。

建立健全公共文化服务体系，要求区分现阶段中央与地方政府间关于公共文化产品的事权，明确中央与地方公共文化服务的支出责任。在加大中央投入的同时必须强调地方政府的投入责任，在引导地方政府增加投入总量的基础上激励地方建立公共文化服务长效保障机制。要实现这一目标，需要明确界定中央与地方政府的职能，科学划分中央政府与地方政府间的支出责任；明确中央与地方在公共文化服务体系建设中的各自相对明确的保障范围和保障水平，确立中央与地方统一协同的投入保障体制。

3. 建立东、中、西部之间政府财力与事权相对均衡的结构

1994 年，我国分税制财政体制的建立，强化了中央政府的宏观调控职能，增强了中央政府的宏观调控能力，形成了公共服务均等化的调控机制。但在公共文化建设领域，文化财政体制仍然存在一些理论上的局限和制度安排上的不尽合理。如中央对中西部的转移支付中，“文化专项”总量较小；专项转移支付形式过多，相互之间缺乏统一的协调机制，且资金投向较为分散；一般性转移支付中，公共文化支出责任“缺位”，导致东部与中西部地区在公共文化产品供给上存在较大的差别，且呈现出进一步扩大之势。

建立国家公共文化服务体系，难点在农村基层，重点在中西部。建立东、中、西部之间公共文化支出相对均衡的结构，要进一步完善文化专项转移支付制度的政策思路，按照财权与事权相统一的原则，整合专项资金，建立专项转移支付弥补因财力集中以及地区经济发展不平衡形成的纵向和横向财政责任缺陷，以确保基本公共文化服务为基准，保证东、中、西部地区公共文化服务的相对均等。

4. 建立政府力量与社会力量之间协调配合的支撑结构

社会力量参与公共文化建设能够弥合文化建设中的体制鸿沟，促进政府资源与社会资源的流动和整合，在公共文化领域建立起政府与社会之间

的新型关系，能够起到“政府不能”的独特作用。

动员社会力量积极参与公共文化建设，需要公共财政充分发挥引导和杠杆作用，通过实施政府采购、以奖代补、基金申请、特许经营、服务外包等多项财政税收措施，引导民间资本、非公文化机构进入公共文化产品生产和服务领域，支持和引导文化协会、文化行业组织等非营利性文化机构的发展，支持建立民间性的艺术委员会、文化艺术理事会、创意产业促进会等；支撑和引导文化基金会的发展；支持和促进形成捐赠公共文化的制度环境和社会氛围。

第三章 西方国家公共文化政策及其启示

第一节 公共文化活动的特性及其对政策的诉求

一 公共文化活动的特性

公共文化活动不同于经济活动、宗教活动，具有辨识度较高的单一属性，其特别之处在于同时兼具了文化和市场的双重价值。英国学者大卫·索斯比在其著作《文化政策经济学》中提出："当文化超越艺术这一狭义范畴，扩展成为商品和服务乃至形成产业时，文化产品和服务具有了文化价值和经济价值两重属性。也就是说文化既满足了人类的精神需求又具有创造价值的经济潜力。"①

公共文化活动的双重价值决定了其具有公共性和市场性的双重属性。

1. 公共文化活动的公共属性

公共文化活动作为公共活动的一个重要分支，具有很明显的公共属性。这一点主要体现在公共文化产品和服务所具有的公共产品属性上。现代经济学对于公共产品属性的界定标准主要是非排他性。

公共文化产品作为政府向社会公众提供公益服务和社会福利的一项重要载体，其本身并不受限于市场调节作用，即在平衡供需方面起决定性作用的并非价格。换言之，公共文化产品的供应在某种程度上既不会因为其价格的过高而忽略消费者对它的需求，也不会因为其价格低廉而造成过度供应。如各地公共图书馆的馆藏图书，无论图书的订购价格高低，均向公众提供免费借阅服务。

此外，公共文化产品的非排他性还体现在产品的无差异性上。普通

---

① 转引自李季、孙越《文化政策的经济学解读》，《中国图书评论》2013 年第 5 期。

商品的生产和供应受市场需求制约，因此对于产品的消费群体和生产质量都有着特定的市场取向，通过价格体现产品的差异化以调节供需是市场经济活动的最根本手段。与之不同的是，公共文化产品的生产往往是以社会全体公众为供给对象的，因此，其产品和服务在本质上具有广泛、均等、公平的无差异性特征。以“中国之声”广播节目为例，全国的听众通过收音机所听到的节目内容和接收到的信息均是完全一致无差异的。

公共文化产品的无差异性同时也决定了同一公共文化产品在不同的消费者之间不具有相互损益性。这是公共文化产品区别于一般商品的又一显著特征。仍以“中国之声”为例，所有听众所获得的信息均是一致的，并不因为某一个观众的收听，其他听众从中获得的信息就会减少。相反，若某天某个消费者在某一特定的汽车 4S 店购买了一款限量版高级汽车，其他消费者的消费需求就会受到影响，因为汽车厂商对这款高级汽车的生产数量是有限制的。

2. 公共文化活动的市场特性

公共文化活动的经济价值决定了它的市场属性，而其特有的文化价值又使公共文化活动区别于一般经济活动的市场性质，具有外部效应性、风险性和效用差异性。

（1）外部效应性

公共文化活动的文化价值决定了其拥有一般经济活动所不具有的外部效应性。公共文化活动能对其他经济活动产生溢出效应，带动相关行业的经济增长，形成经济学上所说的乘数效应，同时产生比经济效益更大、更持久的社会影响。[①] 例如，博物馆的免费开放活动，不仅满足了公众在精神文化方面的需求，也为普及文博知识，提高公众的文物艺术品鉴赏能力提供了条件，转而带动艺术品市场的繁荣；同时，博物馆展览的文物藏品所承载的历史文化内涵会激发特定的兴趣爱好人群的探索欲望，到文物出土或者关联的名胜古迹寻游，从而促进当地旅游业的发展；此外，博物馆又承担了部分文化输出、技能培训和情操教育的职能，在提高国民素质和国际文化交流合作方面都发挥了积极的外部效应。

① 李季、孙越：《文化政策的经济学解读》，《中国图书评论》2013 年第 5 期。

（2）风险性

在投入和产出上，公共文化活动却并不一定反映出正相关的联系。简言之，某些公共文化活动投入的成本和资源均较高，社会公众却并不一定能够普遍认可其成果。按照政治经济学的观点，公共文化产品的价值取决于其所耗费的社会必要劳动时间，即在公共文化产品的生产过程中，生产者所投入的成本、资源、精力越多，其质量和价值就越高，所得到的产出回报也就越大。然而事实上，公共文化活动所生产的产品和服务在很大程度上都具有不确定性。受文化认同感、社会意识形态和经济发展水平等诸多因素的制约，在公共文化产品的生产过程中，其产品质量、数量、创新性等方面都受到了严格的限制。因此，公共文化活动领域的投入和产出往往存在着投入和产出不对等的“窘境”。

举个例子说明，一些地方电视台举办的春晚，无论是在舞台制作、演员阵容和节目编排等方面的投入力度均远大于10多年前，但其投入似乎与收视率和观众认同感并不匹配。可见，公共文化产品在投入和产出上并不适用于简单的函数相关性，而更多地呈现出一种非稳定的概率性关系。这导致了公共文化活动在进行相关产品的生产时有着“先天的风险性”。

（3）效用差异性

公共文化活动的市场特性不仅体现在公共文化产品的生产上，同时也体现在公共文化产品的消费上。公共文化产品的主要消费效用是满足消费者的精神需求，即社会公众通过对公共文化产品和服务的消费，得到精神上的满足感。这种满足感体现在诸多方面，如审美满足感、文化认同感、相关知识技能的增加等。就总体而言，公共文化产品的消费符合经济学中的边际效用递减理论，与大众对一般商品的消费一样并没有区别。也就是说，在特定的时间内，社会公众消费某一特定的公共文化产品所获得的效用（精神满足感）在总量上是增加的。例如免费开放的博物馆展览，对于前来参观的游客而言，所有游客都从中获得了一定的精神满足感，随着游客不断增多，博物馆展览的总体效用也不断增大；但在另一方面，就某个具体的消费者而言，持续消费某一特定公共文化产品的边际效用则是递减的，具体到博物馆的例子，同一个观众对上次已经参观过一次的博物馆展厅往往不会再有多少新鲜感。

但是，边际效用递减规律并不能全面地反映公共文化产品的消费效用。因为消费者往往受社会环境、自身背景和兴趣偏好等方面影响，在对特定的公共文化产品进行消费时有时也会出现边际效益持续递增的现象。比如某从事文物文化研究的工作者或爱好者，出于自身偏好，可能会对同一时期内同一博物馆所展出的文物进行多次参观，该消费者的文博知识及技能也会随着参观次数的增加而增加，其消费效用也会随之呈现出持续增加的态势。

综上所述，公共文化活动的公共属性和市场特性致使其对纯粹市场条件下的一般经济活动规律具有不适应性，而这种不适应性又由于公共文化活动兼具事业和产业的双重特征难以通过其自身调节予以克服。因此，通过实行合理的公共文化政策来保障公共文化活动的顺利开展是十分必要的，政府政策的支持不仅能扩大公共文化活动的积极外部效应，也能有效地控制和规避公共文化产品生产的风险，提高公共文化产品的消费效用，以达到最大限度地满足社会公众的精神需求和提升国家软实力的目的。

二 公共文化活动对公共政策的诉求

政策（policy）是指特定组织，主要是政治性组织，以集体意志规定在一定的历史时期内，应该达到的奋斗目标、遵循的行动原则、完成的明确任务、实行的工作方式、采取的一般步骤和具体措施。胡惠林（2003）认为："文化政策是一国对于文化艺术、新闻出版、广播影视、文物博物等领域进行行政管理所采取的一整套制度性规定、规范、原则和要求的总称，是有别于科技政策、教育政策等其他领域政策的一种政策形态。"①

前文已论述了公共文化活动的特性，基于这种特性，单纯依赖市场机制配置文化资源难以达到帕累托最优状态。② 在国外，早就有相关学者意识到了这一问题。1966 年，巴摩尔（William J. Baumol）和鲍温（William G. Bowen）在《表演艺术：经济困境》一书中提出了著名的"巴摩尔原理"（Baumol's Law）。该理论认为在特定的经济增长时期，表演艺术行业的生产效率提高速度要远逊于其他行业的生产部门，因此其行业产品的生产成本也要远高于同时期的其他行业，这时，表演艺术产品的价格会因成本的增加而上升，在价格竞争上相对于其他行业产品的消费处于劣势，从而面临市场抛弃的压力。在这种情况下，由于无法通过市场自我调节，政府的政策支持和保护就显得尤为必要。巴摩尔和鲍温指出：政府政策介入

---

① 参见胡惠林《文化政策学》，上海文艺出版社 2003 年版。

② 李季、孙越：《文化政策的经济学解读》，《中国图书评论》2013 年第 5 期。

的重点之一在于调整对表演艺术行业的财政税收政策，即实施对公共文化活动税收减免和补贴，并通过对博物馆、图书馆、美术馆、演艺场馆等公共文化设施的相应财政拨款以支持其日常运营和发展。“巴摩尔原理”实际上解释了为包括表演艺术在内的公共文化艺术服务提供公共补助的内在深刻原因，阐明了文化服务对公共财政的诉求。①

同时，政府的产业发展战略政策同样也是保障公共文化活动顺利开展的有效措施，如对支持和赞助公共文化活动开展的企业实行税收优惠或免税，在特定的区域形成公共文化服务体系示范区等。

基于公共文化活动的公共属性，公共文化产品往往具有公益性、服务性、普惠性和均等性的特点，这决定了其对公共文化活动的投入不能完全以经济价值作为衡量标准。因此，公共文化活动的有效开展需要均等化、科学化、长期稳定化、多样化的财政政策支持。

1. 均等化诉求

公共文化活动开展的效果，直接受到本地经济发展水平的制约。当前我国的经济发展存在着城乡差异大、区域发展不均衡的特点。故实行公共财政均等化政策是公共文化活动的首要政策诉求。即在结合当前我国经济的总体发展水平和具体区域发展的现状的前提下，通过具体调查分析特定区域的公共文化活动开展状况和水平，研究论证财政支持的可行性方案，制定具体科学的可实行标准，以力求达到公共文化产品供给均等化，确保贫困地区、欠发达地区、弱势群体享有同等享受公共文化服务的权利。当下，我国境内依托公共财政正在实施的广播电视“村村通”便符合这一政策诉求的方向。

2. 科学化诉求

对公共文化活动的支持政策要体现科学性和合理性，是合理控制公共文化活动生产风险性的诉求。长期以来，我国公共文化投入都存在“重硬件、轻软件”、“重数量、轻质量”的弊端，导致公共文化活动开展效率不高，表现在，一方面，公共文化服务设施在公共政策的支持下正逐步完善；另一方面，由于文化体制改革、经济效益周期过长等因素，我国在公共文化服务体系建设中出现了大量人才队伍缺失、文化产品产出效率低、产品和服务的质量低下的问题，部分地区甚至出现了公共文化设施闲置的状况，

① 傅才武、王家新：《艺术经济学》，高等教育出版社2013年版。

严重影响了公共文化产品的生产，同时也削弱了广大公众对公共文化活动开展的认同感。例如，有些基层地区的图书馆耗费巨资修建，但借阅的读者却不多；有些基层的文化表演团体因为人才断层，长期无法进行新剧的创作和演出；少数基层的文化站甚至受经济利益驱使已用作他途。

3. 长期稳定化诉求

公共文化活动的效用不同于一般经济活动，其文化和经济价值所体现的积极外部效应是一个长期凸显的过程。这便要求公共政策在支持公共文化活动开展时要坚持长期稳定的原则。当前，我国公共财政在公共文化投入方面的力度逐年加大，特别是针对“三馆一站”（指公共博物馆、图书馆、文化馆和乡镇文化站）免费开放的财政专项支持有力促进了基层公共文化活动的顺利开展。但也要看到，我国在建立长期稳定的公共文化投入保障机制上，依然存在着不少问题：仍旧以“三馆一站”为例，不少地方的“三馆一站”建设均存在“一站式建设”的弊病，即在最初新建场馆时投入巨大，但随着场馆公共文化活动的日益频繁开展，公共财政却始终以多年前恒定的标准拨付专项经费，致使公共文化活动开展的辐射规模与水平受限，影响了公共文化服务设施的运营效率。

4. 多样化诉求

长期以来，我国文化管理一直面临着公共文化多样性需求与标准化、一体化文化管理体制的“悖论”。社会公众的群体化差异决定了公共文化多样化需求，然而传统的公共文化“统一集中供给模式”在过去往往忽视了广大基层群众的文化偏好，在某种程度上造成了公共文化产品供给与基层群体真实的文化需求之间的错位。①

公共文化活动的效用差异化要求公共政策在对公共文化的支持上体现多样化导向。政府作为公共文化产品的供给主体，在对公共文化产品进行生产和输出时，需要同时考虑社会公众的总体需求和差异化群体的具体需求，在满足大多数公众精神文化需求的前提下，积极培育和引导社会资源投入到公共文化产品的生产和供给中，为政府统一供给不能满足的那部分市场需求提供补充，拓展多样化的公共文化产品输出渠道，同时以依托公共财政为主体，吸纳社会资金投入公共文化建设，共同搭建新的公共文化支持平台。

① 傅才武、王家新《艺术经济学》，高等教育出版社 2013 年版。

第二节 西方国家公共文化服务的主要运行机制

一 政策引导——社会供给为主型

政府间接管理公共文化服务的模式是指：政府不直接参与公共文化产品和服务的生产与经营，而是通过支持社会力量自发组织成立的非营利性文化机构（NPAO），来促进公共文化服务的开展。按照这种模式管理公共文化服务运营的最典型代表国家是美国。

基于自身历史文化理念和政治惯性，美国在文化发展方面的态度一直保持着自由主义的立场，即主张发扬文化民主，尽量限制政治因素对文化艺术领域的干预，故此美国政府未设置文化相关的管理职能部门。这种模式的实质是"外部遥控"，具体表现在，在管理体制设计上，遵循"一臂之距"的原则，将国家的文化管理权限分散到政府的多个部门，同时将财政资助、计划协调等政策执行权力下放到非政府性的社会中介组织。① 一般认为，代表美国政府行使文化管理职能的是国家艺术基金会、国家人文基金会、国家博物馆图书馆学会等非营利机构。其中最具代表性的是设立于1965年的国家艺术基金会，其主要职能是代表政府向文艺团体和艺术家提供财政和技术援助。其他两个机构的主要职能和国家艺术基金会相近，皆是向所对应的特定行业从业机构和个人提供资助。这三个机构在性质上虽归于联邦政府机构系列，但对行业并无行政管辖权。②

而美国政府在文化市场策略上完全依靠市场的自由调节机制，在政策机制上，则通过版权保护、税收减免等立法手段为文化遗产发展提供保护和支持，从而达到对公共文化服务领域自下而上的控制。③

美国非营利性文化组织的收入主要不是来自政府的财政资助，而是来源于基金会、企业和个人的捐助。国家艺术基金会是美国政府赞助艺术家和学者的最大公共资金来源，但国家艺术与人文基金会规定对任何具体项目的资助总额都不超过所需经费的50%。

① 参见傅才武、王家新《艺术经济学》，高等教育出版社2013年版。

② 参见《美国的文化管理》，文化发展论坛网，http：//www.yinxiangcn.com/xueshu/200705/3395.html，2007年5月4日。

③ 参见凌金铸《美国文化政策的形成》，《学术界》2013年第6期。

二 政府主导——政府供给为主型

采用这一模式管理公共文化服务运营的政府，大多以强势的直接干预手段介入国家文化艺术领域的发展。相比以美国为代表的“外部遥控”管理模式，政府主导公共文化服务管理运行的国家更注重宏观层面的“内部操控”，往往设有专门的文化管理职能部门，对国内文化艺术行业的发展进行统一的规划协调和严格的监管。此类型最具代表性的西方国家是法国。

文化和通讯部是法国政府设立的全国最高文化职能权力部门。它的主要职能涵盖了制定文化相关政策法规、编制文化相关财政预算、监管文化财政支出、统筹文化文物事业和对全国各级文化事业单位的行政管辖等，几乎囊括了国家文化领域各层面的内容。

法国以文化和通讯部为依托，建立起了覆盖全国的中央式文化行政管理体系。文化和通讯部下的中央直属文化单位包括了诸如卢浮宫博物馆、巴黎歌剧院等国内重点文化设施和文化团体，此外，文化和通讯部还直接下辖艺术院校；在地方上，法国则在每个大区均设置有文化和通讯部的派出机构“文化事务管理局”（以下简称为“文化局”），区域的文化管理工作由这些区级的文化局全权负责，它们直接参与各种文化机构的运作，并给大量文化协会提供补贴。

以上这些文化行政机构的负责人均由政府任命，机构的运作主要由政府财政拨款支持，自文化和通讯部以下，各级文化单位对下级分属机构均拥有完全的行政管辖职能。由此形成了自上而下的公共文化事业体系。① 尤为突出的是，法国政府近年来的文化政策越来越注重对本民族文化特色和文化独立性的保护，坚决反对用世贸组织的商业规范作为标准来衡量和评判国家文化的发展，即一再强调“文化例外”的原则，借以保护日益受到侵蚀的民族文化。②

财政直接拨款是法国政府对文化事业的主要投入方式，据悉，自2006年以来，每年法国文化和通讯部的财政预算编制均维持在不低于中央财政总预算的1%的高水准。而且，法国中央政府还明确要求地方各级政府在中央文化财政预算之外，额外投入双倍比例的资金，用于本土文化

① 苏旭：《法国文化》，文化艺术出版社2001年版。

② 张波：《主要西方国家公共文化服务发展之比较》，《沈阳师范大学学报》（社会科学版）2008年第6期。

的发展。[①] 基于此，法国财政在文化艺术领域的公共支出反映出了较高水平。

表3-1　　法国2007年度文化和通讯部财政支出[②]　　单位：百万欧元，%

领域	财政支出	占全国财政总支出百分比
Ⅰ. 文化遗产	1036.5	36.5
考古遗产	272.4	9.6
建筑	25.9	0.9
博物馆	428.8	15.1
档案馆	61.4	2.2
图书与图书馆	198.3	7.0
影像遗产	26.6	0.9
语言学遗产	3.9	0.1
公共收藏的积累与丰富	19.2	0.7
Ⅱ. 创作	797.6	28.1
对表演艺术创作、生产和传播的支持	648.7	22.9
对视觉艺术创作、生产和传播的支持	78.6	2.8
对文学创作、生产以及普及的支持	33.6	1.2
文化产业经济	36.6	1.3
Ⅲ. 横向分类（知识传播与文化民主）	853.5	30.1
高等教育和专业培训机构	326.8	11.5
艺术和文化教育	30.5	1.1
特殊教育机构	34.3	1.2
惠及民众的具体举措	43.2	1.5
国防政策	25.9	0.9
国际文化交流	21.3	0.8
文化交流部的职能管理（对于总体管理而言）	371.4	13.1
Ⅳ. 文化和科学研究	150.2	5.3

① 张波：《主要西方国家公共文化服务发展之比较》，《沈阳师范大学学报》（社会科学版）2008年第6期。

② 王列生等：《国家公共文化服务体系论》，文化艺术出版社2009年版。

续表

领域	财政支出	占全国财政总支出百分比
文化遗产研究	6.9	0.2
文化创新研究	2.0	0.1
科学技术文化	104.2	3.7
横向研究和监控项目	36.9	1.3
总计	2837.8	100.0

据法国文化部综合与财政司数据显示，2009 年文化部的预算达 28 亿欧元。这笔经费主要用来进行文化基础设施投资、资助各类文化活动、收购艺术品、保护文化遗产、为艺术家及批评家和其他专业人士提供创作和出版补贴等。大致是：文化遗产 10 亿欧元，艺术创造 8 亿欧元，艺术教育 8.5 亿欧元。政府各部门的预算中都有文化事务的开支，其数目在 40 亿欧元以上。比如对外文化交流和设在国外的 130 多个法国文化中心的经费由外交部开支，设在国外的 600 多个法语联盟学校，也由外交部给予财政补贴。法国中央政府用于公共文化事业的开支总数约 130 亿欧元，占中央财政预算的 4% 左右。①

三　政府与社会双重主导——混合供给型

这一类型的文化体制，最突出的特点在于政府对国内文化领域发展的管理采取了“既不包揽，也不放任”的原则。具体表现为：在文化领域中属于公共文化服务的部分（公益性文化事业）由政府集中统一管理，而对剩余的经营性文化产业和文化市场部分（营利性文化事业），则遵从市场机制由“看不见的手”进行自发调节。这种模式既能够有效地保护易受市场冲击的公共文化服务行业，又能够有效地限制政治力量过多地介入文化领域。

英国施行的就是这种政府供给与市场供给相结合的道路。英国政府的中央文化管理机构经历了从非政府机构到政府部门的变化。“二战”后，英国中央政府中并没有专门管理文化事务的部门，只是设立了英国艺术理事会，1965 年改为教育与科学部，1992 年后设立了国家遗产部，1997 年

① 转引自谢武军《法国公共文化服务：所有部长都是文化部长》，http：//www.chinanews.com/cul/news/2009/04 -27/1665700.shtml，2009 年 4 月 27 日。

工党上台执政，国家遗产部被改为“文化、传媒与体育部”。文化部由文化大臣（Secretary of State）领导，下设两个分管具体事务的部长，一个是文化部长，另一个是体育部长。①

英国政府和美国政府一样，也遵循“一臂之距”的管理原则，中央的文化、传媒与体育部并没有直属的下级单位，对郡、县的艺术理事会也没有直接的行政管辖权。在这种环境下，英国在政府和艺术机构（或文化企业）之间设立一级中介机构，这类机构一方面负责向政府提供文化政策建议和咨询，另一方面又接受政府委托，决定对被资助文化项目的财政拨款，并对拨款使用效果进行监督评估。② 在“一臂之距”原则的指导下，英国逐渐形成了三级文化管理体制：首先是政府，包括中央政府和地方政府及下设的文化行政管理部门；其次是与各级政府对应、作为准自治非政府公共组织的文化理事会；最后是基层文化机构，它们作为行业性的文化联合组织，担负着落实国家文化政策，具体分配、使用文化经费的职能。这是英国式的管理制度创新。③

由于行之有效，“一臂之距”的文化管理原则在一些英联邦国家得到推广。如加拿大 1957 年建立了国家文化理事会；澳大利亚则于 1968 年建立了文化理事会体制。20 世纪 80 年代以来，文化理事会这类组织在英联邦以外的国家也开始出现。④ “国际文化理事会和文化机构联盟”的一份文件指出：“目前在世界各地，无论穷国还是富国，也不论英语国家还是非英语国家，都普遍建立了对文化艺术进行资助的准政府国家机构。”⑤

英国政府和社会双重主导的文化管理体制在投入模式上，具有投入来源多样化的特征。其中，政府拨款与社会资助是英国公共文化投入的两大主要来源。政府拨款对英国公共文化服务事业发展具有最直接的推动作用。据相关数据显示，近年来，英财政部每年拨付文体部的财政预算以平

① 参见傅才武、王家新《艺术经济学》，高等教育出版社 2013 年版。

② 张博树：《借鉴“一臂之距”原则，改革中国的官办艺术体制》，http：//www. aisixiang. com/data/9218. html? page =2，2005 -12 -20。

③ 《演艺业宏观管理的国际视野》，http：//shijue. me/show_ idea/50327918ac1d84164a03999a，2007 -05 -28。

④ 张博树：《借鉴“一臂之距”原则，改革中国的官办艺术体制》，http：//www. aisixiang. com/data/9218. html? page =2，2005 -12 -20。

⑤ 卢媛：《何容复制的英国经验？——一个传统国家的当代艺术图景》，http：//www. art-cool. com/n_ article/display_ person_ article. php? aid =52016。

均6.6%的速度增长。[①] 在中央财政的经费管理上，英国政府的文化事业财政预算由文化、传媒与体育部负责编制，但文化、传媒与体育部却不参与经费管理，而是根据预算计划按照文化服务合同拨给英格兰艺术委员会、英国电影委员会、国家遗产基金等63个公共文化服务机构（属于“一臂之距”管理机构），再由这些公共服务机构根据各个文化单位的具体情况进行拨款。[②] 从英国的政府文化财政拨款情况看，受政府资助的对象包括：传统高雅艺术（戏剧、古典音乐等）表演领域、具有国家代表性的重点文化事业机构（如皇家歌剧院、大英图书馆），以及高质量的艺术节目。但是，即使长期享受政府资助的文化团体或机构，政府资助一般也只能占其收入的30%左右，其余部分仍需自筹解决。[③]

同时，为激励社会资助公共文化服务，英国采取了很多行之有效的措施，比如，英国议会1984年批准《鼓励企业赞助艺术的计划》，鼓励企业赞助文化项目，凡企业赞助的部分可以享受免税待遇和其他优惠政策；同时，政府按其赞助金额的一定比例进行配套赞助。[④] 而社会资助的形式则多种多样，具体包括私人捐助、商业赞助以及信托基金的资助等。

第三节　西方国家公共文化的主要财政支持模式及特点

一　主要西方国家的公共文化财政政策[⑤]

1. 美国

尽管美国政府在行政机构的设置上并无专门针对文化的部门，但为了有效管理和支持公共文化事业和文化产业的发展，在政策和法律方面却运用了多种手段。

① 张博树：《借鉴“一臂之距”原则，改革中国的官办艺术体制》，http://www.aisixiang.com/data/9218.html? page=2，2005-12-20。

② 财政部教科文司：《英国教科文领域基本公共服务均等化调研报告》，http://www.mof.gov.cn/pub/jiaokewensi/zhengwuxinxi/tashanzhishi/201006/t20100601_320650.html。

③ 同上。

④ 同上。

⑤ 参见赵志杰《公共文化服务体系建设的财政政策研究》，山东财经大学，硕士论文，2013年5月。

其一，税收优惠的激励。前文已经简要介绍过，维持美国的民间文化机构和组织（非营利性）日常运营的资金主要来源有企业赞助和个人捐助以及政府拨款，而前两者是其主要来源。为了鼓励社会资金投入文化发展，尤其是公益性文化事业，美国联邦税法针对企业和个人的此类行为，明确了一系列给予减免税收的优惠条款，使得企业和个人都纷纷通过成立基金会进而承担公共文化服务的项目的运作，以获得相应的税收减免和补贴。在美国，早在1917年联邦税法就明文规定对非营利性文化团体和机构免征所得税，并减免资助者的税额。①

其二，文化立法的保障。除了在联邦税法上明确相应的税收减免条款，美国的文化发展在其他法律规章制度上也较为完善。例如1965年通过的《国家艺术及人文事业基金法》保证了美国每年拿出相当比例的资金投入文化艺术。此外，美国政府还依据文娱版权法、合同法和劳工法推动文化产业的发展。② 美国联邦政府和各个州在诸如知识产权保护、新闻出版等很多方面都有严格的法律规章限制，使美国的公共文化服务既不脱离有效监管的前提，以引导和规范社会主流价值取向，又能获得相对宽松的外部市场环境。

其三，基金制度的掌控。美国通过建立多种多样的基金支持文化事业的发展，以保证市场机制能自由地运行，文化事业的发展不过多受到政治因素影响，从而也形成了体系完备的基金制度。前文已经介绍过，代表美国政府行使文化管理职能的是国家艺术基金会、国家人文基金会等非营利性机构。这些基金会除了直接对公共文化事业提供资金支持以外，还同时拥有美国联邦政府所让渡的相关文化政策制定和实行的权力，可以通过制定相关的政策引导社会资金对公共文化服务项目的投入，将“财权”和“事权”结合，起到对公共文化服务事业的掌控作用。

2. 法国

法国的“文化例外”理念，决定了其公共文化财政政策的独特之处。法国对于公共文化服务，采取了以公共财政为保障，对文化遗产、图书馆、博物馆等公共文化服务范畴实行由文化行政部门直接监管的方式。

法国的公共文化财政政策最突出的特点是建立了完善的预算管理体

① 张波：《主要西方国家公共文化服务发展之比较》，《沈阳师范大学学报》（社会科学版）2008年第6期。

② 同上。

制，由中央政府牵头，各级政府部门严格执行，以保证公共文化服务发展的资金来源。此外，法国还通过立法明文规定了中央和地方对公共文化投入的数额和比例。

此外，法国像美国一样，出台了税收减免优惠、财政补贴和贴息贷款等政策，以鼓励对公共文化服务项目的企业投资和社会捐助，有效拓宽公共文化服务的资金来源渠道。

3. 英国

英国在公共文化的财政政策方面秉承“一臂之距”的宗旨，在资金投入上并不直接赞助具体的公共文化服务项目，而是通过赞助公益性文化机构组织来促进公共文化服务的开展。通过做公益性文化机构组织背后的“金主”支持公共文化服务项目，却不直接干预公益性文化机构组织的日常管理和运作。但英国政府对公共文化服务的财政投入并非“放任自流”，为了确保政府文化政策的实施和公共文化财政资金的落实，英国政府在全国各地区设立了专门的文化管理组织进行监管。

在鼓励社会资金投入公共文化服务方面，英国除了与美国、法国一样，对相应的企业和个人实行税收减免、税率优惠、财政补贴等手段外，还通过发行文化事业彩票的办法充分吸收民间资金投入公共文化服务。

二　西方国家公共文化财政支持模式的特点

综观主要西方国家的公共文化财政投入政策，概括起来具有以下特点：投入主体的多元化、投入方式的多样化、投入范围的广泛性、投入力度的有效性。

1. 投入主体的多元化

文化事业的投入主体是指为文化事业的发展给予投入的组织和个人。从义务的角度，可将投入主体分为两大类别，即义务投入者和自愿投入者。义务投入者的存在保证了文化事业的投入是常态化、形成机制的法律行为，鉴于文化事业的公益性，义务投入者一般是国家和国有企业。文化事业发达国家一般都确立了义务投入者和自愿投入者相结合的多元文化事业投入主体制度，并且十分重视自愿投入者的作用。例如，在美国，非营利性文化组织即事业性文化单位的资金来源，约半数为票房和其他销售收入，其余约40%为私营部门的捐赠（公司捐赠7%，基金会13%，个人20%），公共部门提供的资金占10%（其中联邦政府提供的资金仅占

2%），作为美国最大的联邦艺术管理机构的美国国家艺术基金仅提供不到1%的资金。[①] 澳大利亚民间对文化事业捐赠投入也非常活跃，据统计，澳大利亚大型企业对文化活动的赞助占10%，中型企业对文化活动的赞助占6.5%。

2. 投入方式的多样性

首先，国外文化事业发达国家多采用直接投入和间接投入相结合的模式。所谓直接投入是指所有者将投入直接给予文化事业接受者，间接投入则是通过其他机构或组织将投入给予接受者的行为过程。以法国为例，其做法是直接投入为主、间接投入为辅，文化事业的主要投入者是政府，但政府作为投入者除直接将相关投入施加于投入范围外，还通过社会组织、协会、基金会等方式给予投入，如法国电影与文化产业融资基金，就是主要由政府基金构成，旨在解决文化单位资金困难的组织。不同于法国的是，美国对文化事业的投入则主要通过间接方式，通过立法成立了众多的基金包括联邦政府基金和州政府基金。国外文化事业发达国家的投入方式较为多样，知识产权、土地、税费减免、具有一定文化价值的设施等都成为投入的媒介。如加拿大鼓励知识产权所有者让渡权利于文化事业；税费减免则一直是美国文化事业投入制度中的一贯做法，早在1917年，美国联邦税法就规定对资助文化事业给予税收减免，引导社会财富支持文化发展。[②]

3. 投入范围的广泛性

文化事业范围是指文化事业应当包括的具体门类，是投入流向的界限。公民基本文化权是一个不断发展的概念，文化事业的投入范围也应随着公民基本文化权内容的增加而不断扩大。在法国，通过一系列法案确立了中央、大区、省、市镇多级资助体系，中央和地方资助的范围对象有所侧重，但基本上已将所有的文化事业纳入了投入范围。作为中央投入部门的法国文化与通讯部，其资金主要投入对外广播电视传播、文化科技研究、文化遗产、知识传播与文化民主化、出版与文化产业、广播电视、文化创意7大门类，而大区、省、市镇等地方投入还涉及博物馆、档案馆、图书馆、艺术教育、音乐舞蹈、各类艺术与文化活动等。

① 徐丹丹：《美国如何赞助艺术》，http://finance.sina.com.cn/money/collection/comment/20080529/21374926169.shtml。

② 郭玉军、李华成：《欧美文化产业税收优惠法律制度及其对我国的启示》，《武汉大学学报》（哲学社会科学版）2012年第1期。

4. 投入力度的有效性

以法国为例，法国的文化事业投入已形成了中央、大区、省、市、镇层级性的系统的投入制度，并且其支持力度非常大。中央层面，1993 年时文化事业投入就已经约占国家预算总额的 1%。根据议会通过的 2011 财年政府预算法案，当年文化和通讯部获得的财政拨款为 42.50 亿欧元。地方层面，在中央政府的引导和督促下，各大区、省和市镇政府增加了对本辖区内文化机构的财政支持力度，市、镇级政府是法国最低一层地方国家行政机关，其文化事业投入经费通常占公共预算的 8.1% 左右。① 同样，美国《国家公园管理手册》明确规定，国家公园的保护经费由联邦政府拨给国家公园管理局，每年联邦政府拨给的保护经费超过 20 亿美元。

第四节　西方公共文化政策的基本经验及对我国的启示

一　西方公共文化政策的基本经验

总结起来，西方主要文化发达国家的公共文化政策在以下几个方面有相似的历史经验。②

首先，政府积极支持是公共文化发展的最基本前提。各国政府无论是如法国般全权主导公共文化事业，还是如英美一般执行“一臂之距”理念对公共文化事业进行间接引导，都投入了大量的资金，出台了一系列的推动政策。政府足够重视，将公共文化发展提升到战略高度，是公共文化服务事业繁荣发展的关键所在。

其次，加强文化立法是公共文化服务的最根本保障。这一点在美国的公共文化政策发展方面经验尤为突出。只有法规健全，公共文化服务的开展才能在正常的秩序下有条不紊地进行，实现公共文化服务的公平化和均等化，切实保障民众的文化权利。同时，文化立法也是保护民族文化独立

① 《法国公共财政对文化事业投入情况分析》，http://www.jscz.gov.cn/pub/jscz/cjyj/201205/t20120510_23167.html。

② 张波：《主要西方国家公共文化服务发展之比较》，《沈阳师范大学学报》（社会科学版）2008 年第 6 期。

性，维护国家文化安全和引导社会主流意识的坚实保障。

再次，运用经济杠杆是有效掌控公共文化发展的最有效手段。无独有偶，英、美、法各国都通过税收减免优惠、财政补贴等方式刺激社会资金投入公共文化服务领域，以弥补公共文化财政投入的不足。同时，通过各种宏观调控手段促进公共文化服务的发展。可见，合理运用经济杠杆是提高公共文化投入效用、掌控公共文化发展动向的“无形之手”。

最后，多元投资渠道是公共文化服务财政保障的基础。公共文化事业的发展需要在政府与社会的共同支持下才能得到更快更好的发展。以投资主体的多样化促成资金渠道的多元化，是西方发达国家在公共文化政策方面宝贵的经验。

二　西方公共文化政策对我国的启示

1. 合理引入市场竞争机制，明确政府管理职责和权限

西方知名经济学家奥斯本和盖布勒认为，政府应该起到掌舵而不是划桨的作用，“成功的组织是把高层管理和具体操作分开——这使得政府基本作为一个精明的买家来工作，以能够完成自己政策目标的方式利用各种生产厂商”[①]。

西方以英美法为代表的发达国家通过结合自身的国情和文化背景，运用先进的公共管理理念，纷纷建立了适合自身需求的文化管理体制。无论是政策引导模式还是政府与社会双重主导模式，都明确了政府对公共文化的管理职责和管理权限，将政府在公共文化管理层面所扮演的角色设置为幕后掌控的“决策人”，而非事必躬亲的“执行人”，这一点在英美两国的公共文化管理上体现得尤为突出。

以市场为导向开展政府内部管理是西方发达国家公共文化管理体制的先进经验。即便是在政府主导公共文化模式下的法国，也通过“准公共文化产品”和“混合型公共文化产品”的区分，将公共文化服务的部分内容引入市场竞争机制。引入合理的市场机制，能有效提高公共文化服务的效率，提升文化服务的质量，更好地满足民众对公共文化服务的多样化需求。

我国长期以来对公共文化服务的管理实行的是传统的文化事业管理体

① 崔玉杰：《寻找他山之石——欧美公共文化服务政策的启示》，《大众文艺》2010 年第 17 期。

制，在这种体制下，政府是公共文化服务绝对的主导，而且也是公共文化服务和产品的最直接供给者。这种高度集中的公共文化管理制度在新中国成立初期对于满足广大人民群众的最基本文化需求，统筹建立文化管理体制起到了积极的作用。随着经济和时代的发展，这种管理体制的缺点也渐渐暴露，在一定程度上造成了政府对公共文化资源的垄断，致使社会力量难以介入公共文化服务建设领域，无法实现资源的优化配置，较大程度上影响了公共文化服务供给的质量和效率。因而，借鉴西方发达国家在这方面的经验，合理引入市场竞争机制，是当前我国公共文化服务体系建设与市场经济接轨，顺应全球化发展趋势的理性选择。这就要求政府从传统的理念上进行转变，重新定位自己在公共文化服务事业中所扮演的角色，将管理手段由以往较为强势的“直接行政干预”逐步转变为主要依靠市场调节的“间接政策引导”，合理制定行政干预公共文化服务的权限，明确政府对公共文化服务管理的职能和边界，充分发挥文化市场的供给效用，通过竞争机制促进公共文化产品和服务的质量水平提升，而非由政府直接“配送”公共文化服务。①

2. 借鉴“一臂之距”的管理模式，科学管理公共文化服务事业

“一臂之距”模式的好处在于能有效地提高管理效率。政府不再对公共文化服务领域进行集中式的统一行政管辖，而是借助第三方的民间文化机构组织，通过政府的财政支持和部分政策制定权的让渡，间接掌控公共文化事业的发展。这种管理模式改变了传统文化事业体制中政府行政管理部门与公共文化机构之间的层级统属关系，第三方文化管理机构与从事文化生产和服务的机构组织之间是平行的，不存在行政管辖。因此，第三方文化管理机构可以直接通过文化供给市场所反映的实际情况对公共文化的需求做出判断，适时制定相应政策，以调整公共文化服务的生产和供给。如此既能避免传统的文化事业管理“配送”体制造成的资源浪费，也能有针对性地弥补公共文化服务在不同行业领域之间资源分配不均衡的缺陷。

政府对公共文化服务领域进行“一臂之距”的管理，财政拨款不再由政府直接拨付给下辖的公共文化服务机构，而是通过第三方文化管理机构在充分分析市场文化需求和严格评估各文化服务机构的业务效率以后再

① 刘纪英：《新视域下公共文化服务多元化供给探析》，《学理论》2012 年第 26 期。

进行拨付，有利于提高财政拨款的使用效力。同时，这样做可以使公共图书馆、博物馆、艺术馆等文化服务机构进一步摆脱以往应付上级的业务考评的制度惯性，逐步深入“针对公众文化需求开展业务”的服务理念，进一步体现出公共文化服务体系建设的根本目标。

在“一臂之距”的管理模式中，第三方文化管理机构由于自身不受行政管理体制上的限制，政府让渡的权力将不再集中到少数行政官员的手中，而是通过第三方机构成立的管理委员会进行民主决议，来决定资金支持和政策扶持的对象。故此，这种模式必然要求在第三方文化管理机构内部建立一套科学完善的公共文化服务绩效评价指标，以有效防止权力寻租和文化偏见，并通过信息反馈，使政府能够对公共文化服务事业发展进行科学的掌控。①

3. 健全文化财政政策，创新公共文化投入模式

目前，西方发达国家在公共文化财政投入政策方面的主要措施有：国有企业私有化、政府业务合同出租、政府与私人部门的伙伴关系（公司合作）、“凭单”消费、自由竞争。从目前我国的情况看，应该重点考虑“凭单”消费和政府业务合同出租。

（1）“凭单”消费的启示

“凭单”消费是西方发达国家在公共管理方面的一项创新。“凭单”的主要形式是代金券或享受政府特殊补贴的信用卡等金融媒介，持有“凭单”的民众可以在所指定的公共服务行业自由消费，购买商品和服务，该行业的商品和服务供给商再将这些消费“凭单”集中交付政府，在政府处兑换等额的资金。它实际上是一种变相的政府财政拨款形式，这种形式的好处在于给消费者提供了自由的公共产品服务选择空间；同时，防止了特定的公共部门利用资源优势进行市场垄断。通过消费者的自由选择，实现了公共行业内部的自由竞争机制，避免了财政直接拨款可能造成的资源配置不均等。为了取得竞争优势以获得更多的收益，行业内的产品和服务供应商不断改进自身产品和服务的质量，提高生产效率。政府通过“凭单”兑换，可以轻松实现“选能者居之”的资源优化配置，相比直接财政拨款，资金的利用率大大提升。②

---

① 崔玉杰：《寻找他山之石——欧美公共文化服务政策的启示》，《大众文艺》2010年第17期。

② 同上。

近年来，我国也曾经在旅游业等行业领域做过“凭单”消费的尝试，通过旅游代金券刺激旅游市场消费，并取得了较好的效应。将“凭单”消费推广至公共文化服务领域，未尝不是一种可行的方法。可以尝试在功能相近门类的公共文化服务行业内集中向民众发放“消费凭单”，由消费者自由选择消费对象。例如，可以在公共博物馆、图书馆、美术馆等行业内向公众发放“消费凭单”，“消费凭单”的适用对象可包括参观游览、纪念品和艺术品购买、图书文献购买、附属设施消费等，由消费者自由选择消费对象，以促进公共文化服务机构之间的良性竞争，提高服务效率。

（2）政府合同出租的启示

政府合同出租是西方发达国家在公共管理方面的又一项创新。合同出租的双方分别为政府和民间营利性机构组织，双方通过合同协定，民间营利性机构将承担政府制定的某类公共产品和服务供给，合同生效后，由政府拨付给合同承担方相应的资金以及给予一定的政策支持，承担方则须在政府指定的时间和范围内完成产品和服务的供给任务。这种模式的最大好处在于能够有效地弥补公共部门在提供公共产品和服务方面的不足，能够有效地提升社会资源对公共服务的贡献率。

结合我国的实际情况，在公共文化服务领域，经济欠发达地区，尤其是基层的乡镇农村，公共文化服务普遍存在着供给不足的困难。这些地区由于受经济发展局限，地方财政往往吃紧，无法投入足够的资金用以建立完善的公共文化服务供应系统，大都存在着设施不健全、人才队伍缺失等一系列不足。若仅依靠财政拨款的力量，无法在短期内解决这些问题。因此，可以考虑在这些地区采用政府合同出租的办法，将部分公共文化产品和服务的供给交由发展较为成熟的民间营利性组织机构承担，政府给予一定的资金补贴和政策鼓励，引导公共文化服务的开展。事实上，我国部分基层地区已开始尝试将“送戏下乡”等公共文化服务项目交由民间营利性组织承担，在财政专项拨款中抽出部分给予补贴，今后不妨在更多方面做出有益尝试，以充分整合社会资源满足群众的公共文化需求。

4. 整合社会力量参与，鼓励培育非政府组织介入

在美国，联邦级文化机构（如“国家艺术基金会”）、州级地方政府文化署、民间文化机构（如基金会、公益性文化机构、大学、社区文化组织、文化公司）共同构成了美国文化的骨架。其中各级政府文化机构以鼓励“卓越”，提高所有美国人的文化素养、培养他们的艺术欣赏习惯

为宗旨。公益性文化机构、大学、社区是美国“卓越”宗旨的积极回应者，是文化事业的主角和最活跃的细胞。在全美国的4182所高校里，有700座博物馆或画廊、300个电台、110家出版社、3527座图书馆、345个流行乐和爵士乐音乐厅、2300个专业表演中心。大学是美国文化艺术业余爱好者的实践场所，是国家实施“文化卓越”政策的重要手段，也是美国艺术工作者的最大雇佣者。此外，大学内的文化设施同时对校园外的公众开放，从而成为高等教育筹资的渠道之一。①

可见，美国作为“一臂之距”文化管理理念的奉行者，充分意识到了社会力量对于文化发展的重要作用，进而将公共文化服务和产品的主要供给者完全交由社会力量承担。因此，美国的公共文化服务能够紧密地和市场联系起来，更快、更好地适应主流社会的文化需求。相比之下，我国在公共文化服务领域的市场化和社会化进程还在尝试阶段，公共文化服务领域的主导力量仍然是政府，在产品和服务方面有着单一性和不均衡等局限性。然而须看到，社会力量介入公共文化服务在我国现已崭露头角，并随着经济的发展起到越来越重要的作用。前文已经提到，在我国的基层公共文化服务行业，已经开始出现非政府组织通过政府合同出租等方式承担公共文化服务供给的尝试。如何培育好非政府组织整合社会力量推动公共文化服务的进一步发展是我国公共文化服务体系建设当前需要思考的重要问题。

非政府组织介入公共文化服务领域，为创造公共文化产品和服务供给的多样化、多元化起到了积极作用，同时也为将公共文化服务纳入到市场机制创造了条件。建设公共文化服务体系是国家战略，需要全社会共同参与，不能单纯依赖各级政府。因此，将非政府组织纳入到公共文化财政保障的预算范围内，建立适应全社会、全行业的公共文化服务评估指标是当下我国公共文化服务体系建设应该考虑的政策方向。

---

① 崔玉杰：《寻找他山之石——欧美公共文化服务政策的启示》，《大众文艺》2010年第17期。

第四章　湖北农村公共文化服务体系的财政保障机制调查

建立公共文化服务体系的财政保障机制，必须从技术层面上解决公共文化服务的保障范围、保障标准和保障方式三个技术性难题。紧紧围绕这一研究目标，课题组在湖北省财政、文化、广电、新闻出版、体育等相关主管部门的协助下，于2009年6月至8月对湖北省公共文化服务体系的现状、实施基础、财政保障情况进行了广泛的调查。本次调查共选取了湖北省域内的76个县（市、区）进行问卷调查，并深入到湖北省应城市杨河镇、东宝区仙居乡、长阳土家族自治县资丘镇3个乡村进行实地问卷调查和访谈。

第一节　调查对象的基本情况

本次调研采取问卷调查、个别访谈和实地考察三种实证研究方法。本次调查共发放调查问卷1146份，有效回收1070份。其中，发放公众调查问卷610份，有效回收598份；教师问卷300份，回收有效问卷264份；文化系统问卷76份，有效回收53份；乡镇综合文化站站长问卷110份，有效回收106份；民间乡土艺人问卷50份，有效回收49份（见表4－1）。

表4－1　　调查问卷分布情况

	共发放（份）	有效回收（份）	有效回收率（%）
公众调查问卷	610	598	98.0
教师问卷	300	264	88.0
文化系统调查问卷	76	53	69.7

续表

	共发放（份）	有效回收（份）	有效回收率（%）
乡镇文化站站长问卷	110	106	96.4
民间乡土艺人问卷	50	49	98.0
合计	1146	1070	93.4

一 公众调查对象描述

在有效回收的598份调查问卷中，男性为317人，所占比例为53.0%；女性为281人，占47.0%，男女样本比例与人口性别比例基本吻合。从年龄分布上看，19—35岁的占28.9%（173人），46—65岁的占28.1%（168人），36—45岁的占26.8%（160人），18岁以下的占11.4%（68人），66岁以上的占4.8%（29人）。接受调查的人群主要以成年人为主，儿童和老年人接受调查的人数相对较少，调查样本总体呈正态分布（见表4-2）。

表4-2 接受调查居民年龄分布

年龄	人数（人）	所占比例（%）
18岁以下	68	11.4
19—35岁	173	28.9
36—45岁	160	26.8
46—65岁	168	28.1
66岁以上	29	4.8
总计	598	100

从受访者文化程度上看，接受调查并有效作答的598位居民中，文盲36人（占6.0%），小学98人（占16.4%），初中257人（占43.0%），高中185人（占30.9%），大专8人（占1.3%），本科14人（占2.3%）。本科学历者多是暑假期间在家的大学生，个别为居住于乡村的乡镇干部。总体上，接受调查的居民文化程度大部分集中在初、高中水平，文化水平相对较低，这与我国居民文化状况基本一致。

二 教师调查对象描述

对教师的调查旨在借助知识群体[①]对公共文化的理性评价，明确公共财政的保障范围。在接受调查并有效作答的264名教师中，19—35岁的213人，所占比例为80.7%；36—45岁的为51人，所占比例为19.3%，教师群体的年龄分布主要集中在中青年群体。有效作答的258名受访者中(6个缺失值)，1人为高中（中专）学历，大专学历64人（占24.8%），本科150人（占58.1%），研究生及以上43人（占16.7%）。

三 文化系统调查对象描述

对县及县以下文化系统的问卷调查对象包括了文化艺术、广电、出版、文物、体育五个行业。文化系统接受调查并有效作答的53位工作人员中，其中男性29人，女性24人，所占比例分别为54.7%、45.3%。年龄分布为19—35岁的10人（占18.9%），36—45岁31人（占58.5%），46—65岁12人（占22.6%）。对于学历共有52人（缺失值1人）有效作答，分布状况为高中（中专）文化程度4人（占7.7%），大专25人（占48.1%），本科学历23人（占44.2%），文化系统内接受调查的人员主要是大专及本科学历。

四 乡镇文化站站长调查对象描述

乡镇综合文化站问卷的调查对象是湖北部分县、市乡镇的文化站站长，个别为分管文化的乡镇宣传委员。在接受调查并有效作答的106位乡镇文化站站长中，男性82人，占77.4%；女性24人，占22.6%。19—35岁的26人，占24.5%；36—45岁的42人，占40.0%；46—55岁的35人，占33.0%；56—65岁的仅有2人，占1.9%[②]。

乡镇文化站站长大部分为高中（中专）、大专学历，其中高中（中专）学历52人（占50.0%），大专学历39人（占37.5%），本科13人（占12.5%）。关于职称一项，共有61名文化站长做了有效回答。其中初级职称人数最多，共47人（占77.0%），中级职称11人（占18.0%），高级职称只有3人（占4.9%）。

调查对象的专业经历是，从事乡镇文化工作4年以内的有22人，占近1/4；从事乡镇文化工作5—10年的15人，11—20年的有26人，20—

---

① 本次调查对象主要面向中小学教师队伍。

② 有一位被调查者未给出年龄回答。

30 年之间的共有 31 人，在 30 年以上的有 7 人。

在接受调查的乡镇文化站站长中关于编制一项有效作答 104，具人有事业编制的人员 10 人，占 9.6%；属于行政编制的 3 人，占 2.9%；是聘用身份的人共 78 人，占 75.0%，其他身份的 13 人，占 12.5%。湖北省在 2003 年实施了农村公共事业“以钱养事”机制改革，农村公共文化服务归入“政府花钱买服务”一类，农村基层文化单位实施机构改革后，许多原文化站人员退出事业编制、退出财政供养，由原来的“单位人”变成“社会人”，由定岗定编人员转变为招聘人员，因此在乡镇文化站站长队伍中，聘用身份的人占大多数。

五　民间乡土艺人调查对象描述

在接受调查的 49 位民间艺人中，男性 25 人，女性 24 人。年龄在19—35 岁的 3 人，占 6.1%；36—45 岁的 13 人，占 26.5%；46—65 岁的 29 人，占 59.2%；66 岁以上的 4 人，占 8.2%。可以看出，从事民间文艺活动的主要是中老年人，这在整体上反映出我国民间艺人的年龄分布状况。

接受调查的民间艺人文化程度分布情况为：小学文化程度的 6 人，占调查人数的 12.3%；初中文化程度的 23 人，占 46.9%；高中（中专）文化程度的 19 人，占 38.8%；大专文化程度的 1 人，占 2.0%。民间艺人大多是初中和高中文化程度（见表 4－3）。

表 4－3　民间艺人文化程度分布

学历	人数（人）	百分比（%）	有效百分比（%）	累计百分比（%）
小学	6	12.3	12.3	12.3
初中	23	46.9	46.9	59.2
高中（中专）	19	38.8	38.8	98.0
大专	1	2.0	2.0	100.0
合计	49	100.0	100.0	

注：表中数据进行四舍五入处理。

从民间乡土艺人所从事的专业看，有 33 位艺人主要从事的是歌舞类的文艺活动，占 67.35%；15 位民间艺人从事的是曲艺类的文艺活动，7 位艺人从事戏曲类文艺活动，从事绘画、雕塑或版画、手工业制作的艺人分别为 1 人、4 人和 5 人，这一调查结果基本上反映了我国民间艺人的专业构成。

第二节 湖北公共文化服务现状评估

一 居民参与文化活动情况

1. “看电视”是居民主要文化活动方式，文化消费方式受到“便利性”、“经济性”和“可获得性”的影响

根据调查显示，群众从事的主要文体活动依次是：看电视（83.4%），聊天（58.6%），读书看报（51.2%），体育健身（40.3%），看电影（34.4%），上网（31.8%），打牌、打麻将（29.1%）；较少参加乡镇里、村里组织的文艺活动（24.0%），也较少“看戏”（22.0%）、“听广播”（18.1%）和“下棋”（10.9%）。

在接受调查并作答的590位居民中，看电视的时间为平均每天3小时。大多数农民表示没有收听广播的习惯，接受调查的大多数人表示没有购买收音机。

农村地区群众的文化消费是以现代方式为主，随着湖北广播电视“村村通”工程的实施，电视机和电视传播网络在农村基本普及，现代文化消费方式得以在农村快速发展。农民由过去的听广播、读报、看戏等文化消费形式转向看电视、上网等一些方便、快捷、信息量大、娱乐功能强的文化消费形式；相反，以戏曲、民间工艺为代表的农村传统文化形态日益被边缘化。同时，访谈时发现，农村居民参加群众性文体活动的积极性不高，即使是“送电影”到家门口，大多数人也表示不感兴趣。因此，当代农村文化消费中，“私人性、便捷性和可获得性”成为影响居民文化消费的重要因素。

2. 居民逐渐表现出对体育健身的强劲需求，乐于参与集体性体育活动

根据居民对文化活动的喜好程度进行赋值，比较排名①可以看出，居民喜欢的文体活动除“看电视”（83.4%）之外，“锻炼身体”在居民文化需求中占据了第二的位置（见表4-4）。

---

① 对于各项文化活动的喜好程度进行赋值，不喜欢记为-2，不清楚记为-1，一般记为0，比较喜欢记为1，很喜欢记为2。将各项得分加权，对其结果进行排序，即为农民群众喜欢的文化活动排名情况。

表 4-4 居民从事的文化活动与喜爱的文化活动对照表

排序	您在农闲时，主要做什么活动？	%	你喜欢下列哪些文化活动？	得分
1	看电视	83.4	看电视	705
2	聊天	58.6	锻炼身体	336
3	读书看报	51.2	看报	311
4	体育健身	40.3	读书	254
5	看电影	34.4	看电影	226
6	上网	31.8	参加乡镇、村里组织的文化活动	164
7	打牌、打麻将	29.1	参加乡镇、村里组织的农业技术培训	145
8	参加镇、村里组织的文艺活动	24.0	上网	125
9	看戏	22.0	参加乡镇、村里举行的体育活动	111
10	听广播	18.1	看戏	34
11	下棋	10.9	听广播	-57

从调查中发现，农村居民群体中，老中青各个年龄层次的人都表示出对体育锻炼的偏好。18 岁以下的受访者中，有 24 人表示很喜欢体育锻炼，占 18 岁以下年龄段受访者的 35.82%，19—35 岁、36—45 岁、46—65 岁的青壮年喜欢体育锻炼的人数百分比均占该年龄层次总人数的一半以上，锻炼身体成为仅次于看电视的共同文化需求（见表 4-5）。

表 4-5 不同年龄层次的人对锻炼身体的喜好程度 单位：人

锻炼身体	年龄分布					总计
	18 岁以下	19—35 岁	36—45 岁	46—65 岁	66 岁以上	
很喜欢	24	48	55	56	5	188
比较喜欢	22	42	28	29	5	126
一般	13	36	28	21	5	103
不喜欢	3	10	9	9	2	33
说不清	5	33	38	44	8	128
总计	67	169	158	159	25	578

将不同年龄层次的群众对文化活动的喜好进行交叉分析，可以发现，不同年龄层次的人对文化活动的偏好不同。19—35 岁的青年人对于看电

影、上网等现代形式的文化活动具有明显的偏好，而36—65岁之间的中老年人对于看戏这类传统文化活动比较喜欢，66岁以上的老人中有一半表示很喜欢看戏（见表4-6）。

表4-6　　不同年龄层次的人对看戏的喜好程度　　单位：人

看戏	年龄分布					总计
	18岁以下	19—35岁	36—45岁	46—65岁	66岁以上	
很喜欢	6	23	30	57	13	129
比较喜欢	8	24	23	17	2	74
一般	20	33	30	28	2	113
不喜欢	23	30	20	15	3	91
说不清	9	56	50	41	6	162
总计	66	166	153	158	26	569

3. 农村重要节日、婚丧文化活动是农村社区主要的公共文化形态，民间艺人群体具有独特的作用

调查显示，当前农村地区在重要节日、婚丧等红白喜事期间，主事人家一般会邀请“戏班子”或者是“民间乐队”（丧礼期间可能会请一支民间的“和尚”或“道士”小团队）前来“做法事”。数据显示，农村“办喜事”时有75.9%的家庭会邀请戏班或乐队等凑兴，即使是“丧礼”期间也有超过一半的家庭邀请戏班或其他形式的文化活动以示纪念。而过年过节村里请人看电影的情况（22.6%），有“喜事”时看电影（22.1%）的习惯也较多见。

以长阳土家族自治县为例，该地是湖北省的民族歌舞之乡，当地人将“山歌、南曲、巴山舞”称为“长阳三件宝”。长阳经过长期的文化传承与积累，已经形成了具有本地特色的歌舞表演形式和传统文化习惯，并以一种内生和自发的方式与农村地区广大农民的日常生活密切联系在一起，成为在当地居民心中深深扎根的“文化情结”。每当重大节日，当地居民即自发参与民族歌舞表演；每当家庭办丧事时会邀请戏班子，或民间艺人彻夜跳丧舞以示哀思。

民间艺人是农村文化传播的重要载体，在当代农村公共文化建设中具有重要的地位。调查表明，86.9%的受访者表示看过当地艺人的表演，

89.6%的群众表示当地艺人的表演给他们带来了精神享受。民间艺人平时务农，需要时演出，是一支“不走”的民间文化队伍，调查也显示79.8%的民间艺人表示自己是兼业的。农村民间艺人主要的演出地点是在本村、本乡镇和本县内。当被问及“你主要在哪里演出时（多选）”，45位民间艺人做出有效回答，其中回答在本行政村（自然村）内演出的40人，占回答问题总人数的88.9%；主要在本乡镇内演出的30人，占66.7%；主要在相邻乡镇演出的23人，占51.1%；主要在本县演出的21人，占46.7%；在邻县和外省演出的分别为13人和4人（见图4-1）。

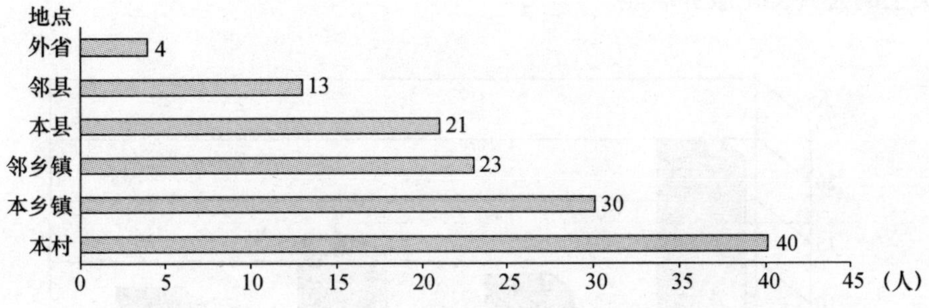

图4-1　乡间艺人演出地点

关于民间艺人经常演出的时间，共有46位民间艺人做出有效回答。其中民间艺人在春节、端午等期间演出的最多；其次是元旦、五一、十一等节日；再次是本地有人家结婚、举办寿宴的日子；复次是本地丧事期间受邀演出；最后是政府邀请进行计划生育、法制宣传等（见图4-2）。

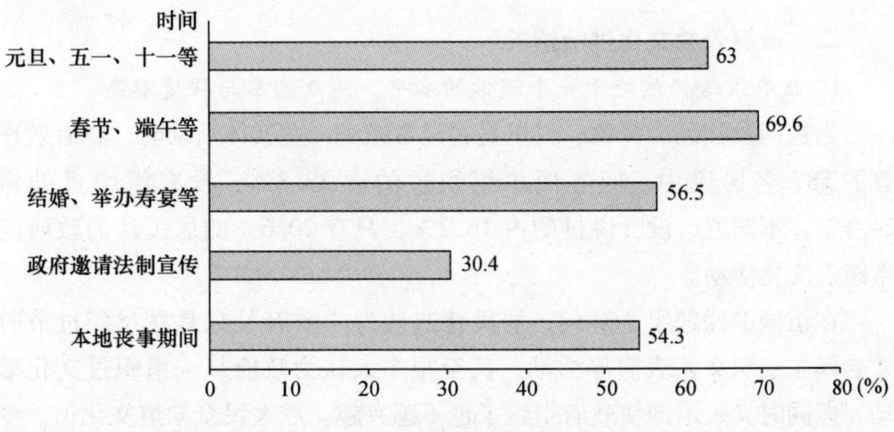

图4-2　乡间艺人演出时间

对民间艺人演出内容的调查，共有42位民间艺人做出有效回答。其中演出内容是以传统民间故事为蓝本的有21人，占回答人数比例的50%；演出内容为宣传农村新人新事的10人，占23.8%；宣传政府方针政策的13人，占31.0%；进行法制、法规宣传的9人，占21.4%（见图4-3）。民间艺人演出的内容和演出题材多是由一代代人改编、润色、加工而成，比较符合当地的生活习惯，因此是民间艺人演出的主要内容。同时，艺人们运用文艺表现形式宣传国家政策法规、宣扬新人新事，给农民群众带来新政策、新思想，从这一点上看，民间艺人实际上承担了一定意义上的公共文化服务职能。

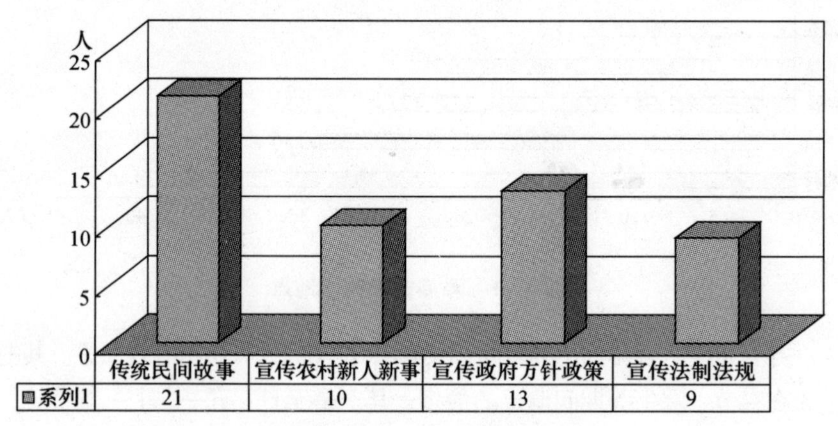

图4-3 民间艺人演出内容

二 政府公共文化供给情况

1. 政府供给仍然处于一个较低的水平，民众的参与程度不高

当被问及社区、乡镇、村里是否经常组织一些文体活动时，在有效作答的587名居民中，回答偶尔组织过的占38.8%，没有组织过的占24.4%，不知道、没听说过的占16.2%，只有20.6%的居民认为政府经常组织文化活动。

在访谈中课题组了解到，居民普遍认为"政府"只是在过年过节时才会偶尔组织文艺表演等活动，甚至很多人认为政府从未组织过文化活动，但同时又表示即使政府组织了也不感兴趣。广大民众知道文化馆、乡镇综合文化站、村文化室的所在，但是却很少到这些地方去，更不用说前去看书或参加文化站组织的文体活动了。这种情况表明，一方面当前政府对于公共文化服务产品的供给量少质差，不能吸引群众；另一方面又显示广大群众对自身文化权利意识还较模糊，对于自身的文化需求缺乏必要的表达能力。

2. 政府“送文化”的公共供给模式收到一定成效，但农村基层的多样性供给能力发展不足

课题组设计了“您去年观看过乡镇、村里组织的哪些文艺活动和体育活动”的调查项目，大多数人（52.6%）表示看过“政府送电影”，还有一些知道“政府送戏、送书、组织的农业技术培训和开展的各类文体活动”（见表4－7）。

表4－7　　2008年民众参与过的文艺活动与体育活动

您去年观看过乡镇、村里组织的哪些文艺活动和体育活动？	排序	人数（人）	比例（%）
政府送电影	1	316	52.6
没看过	2	178	29.6
过年过节时，村里组织的文艺活动	3	163	27.1
政府送戏	4	148	24.6
乡镇、村里举行的农业科技培训	5	127	21.1
政府送书	6	120	20.0
乡镇、村里文化站、文化室组织的读书活动	7	109	18.1
乡镇、村里组织的篮球、乒乓球等体育比赛	8	107	17.8

居民得到的这些公共服务大多为文化部门组织的“送文化活动”，公共文化的多样性特点，最终是要依靠发展文化生产和文化组织的文化生产能力来实现。那么，基层的公共文化供给能力如何？课题组就部分乡镇文化站站长对农村公共文化服务开展困难的原因进行了调查（多项选择）。调查显示，99%的文化站站长表示经费困难；69.5%的文化站站长则认为文化设施过于落后，难以满足基本需求；同时，61%的文化站站长也表示当地政府不够重视农村文化建设也是导致农村文化建设举步维艰的重要因素；也有接近一半的受访者认为当地缺乏文艺人才，文化活动搞不起来；只有17.1%的受访者认为是因为农民都外出打工，当地常住人口少而影响农村文化建设（见图4－4）。而当被问及“是否群众本身不喜欢文化活

动”时，所有乡镇文化站站长均否认，这说明一方面农民群众有强烈的文化需求，另一方面由于经费、文化设施、文艺人才以及领导重视程度等原因而导致农村基层文化发展困难，供给不足。

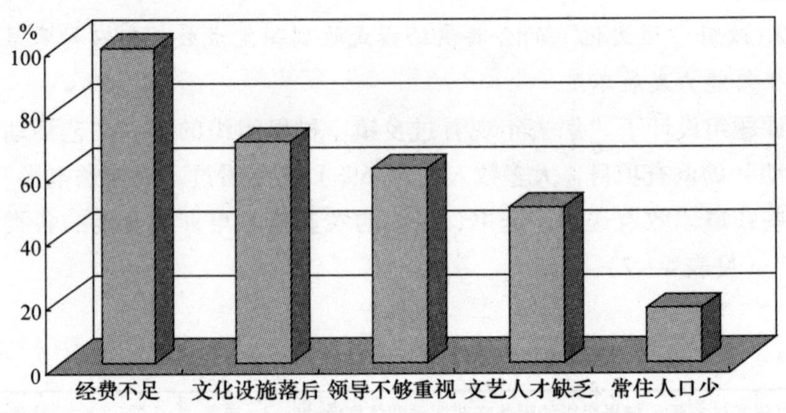

图 4－4　乡镇文化站站长对农村公共文化开展困难的看法

对县及县以下文化系统的调查显示，文化系统工作人员也表达了相似的看法，认为目前对公共文化活动的资金投入十分缺乏。在目前的条件下，国家财政只能保障文化事业单位人员的基本经费，对应当纳入财政预算的公共文化活动的费用考虑甚少，文化工作者表示开展文化活动，心有余而力不足。

三　乡镇文化站公共文化服务情况

乡镇综合文化站建设一直被作为农村文化建设的突破口，在国家投入中具有重要的地位。课题组为掌握当前乡镇综合文化站的建设情况，对乡镇文化站的公共财政投入、公共文化活动、人员工资待遇等各方面情况进行了问卷调查和统计，具体情况如下。

1. 乡镇文化站基础设施建设稳步推进，硬件水平快速提高

根据 93 位乡镇文化站站长（总样本数 106 个）的有效回答，目前湖北省农村乡镇文化站基础设施面积迅速扩大，档次提高。统计表明，全省乡镇文化站站房面积在 100 平方米以下的有 4 个，面积在 101—300 平方米的乡镇文化站有 29 个，300 平方米以上的 60 个，占 64. 52%，76. 56% 的受访者认为该站面积能够满足需要。

为建设集多种功能于一体的综合型乡镇文化站，湖北省出台了乡镇综

合文化站建设管理办法，规定列入建设规划项目的文化站，补助标准为每个项目16万元（贫困县为20万元）。近年来，湖北省的乡镇文化站经过新建、改建和修建，大多数达到要求。访谈过程中，文化站站长们表示，在人口相对聚集的乡镇，建设大型的乡镇文化站十分必要，这能够为广大农民举办文化活动提供合适的去处。文化站站长们还表示建设文化站关键是要有活动经费，落实文化项目，建成一个（站）就要充分利用，不能建完之后就搁置下来。

2. 乡镇文化站设备配置落后，内容不足，影响到功能发挥

对106位乡镇文化站站长的调查表明，乡镇文化站配置设备种类丰富，如桌椅、图书、相机、乐器、音响、放映机、电脑、乒乓球台、球场等，大多数乡镇都配备了一定数量的图书。其中，30个乡镇有演出服装，33个乡镇拥有乐器，30个乡镇有篮球场，29个乡镇有投影仪。但文化站图书不多，在有效回答的64位文化站站长中（其他42位没有作答，推测所在的文化站可能没有图书），拥有图书在1000册以下的乡镇文化站20个，拥有图书量1001—2000册的文化站27个，图书量在2001—3000册的文化站9个，拥有3001—4000册图书的文化站5个，拥有图书4000册以上的文化站3个（见图4－5）。

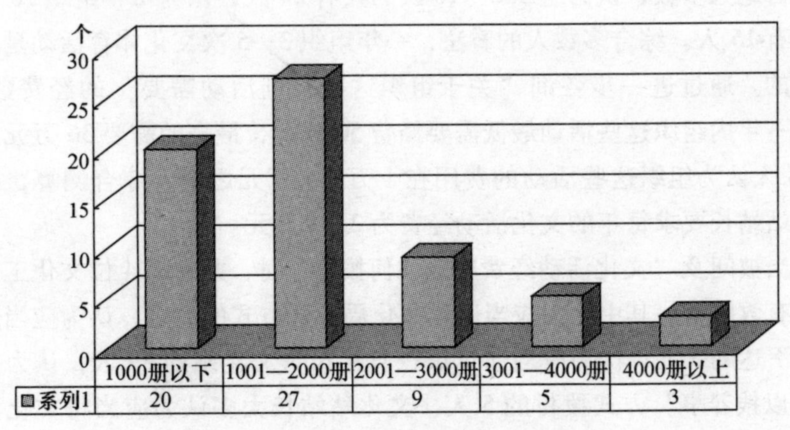

图4－5　乡镇文化站拥有图书数据

大多数文化站所拥有的图书在3000册以下，还有近三分之一的乡镇文化站图书量在1000册以下。被调查的106个乡镇文化站，平均一个乡

镇的常住人口为 3.11 万人，平均每人拥有的图书不到 0.1 册，难以满足广大农民群众对于文化产品的需求。

此外，调查显示，很多乡镇文化站由于文化设施长期得不到有效补充，其固有的公共文化服务功能正逐步丧失。32% 的乡镇文化站由于经费不足导致基本活动停滞，79% 的乡镇文化站存在设施老化、人员不足的情况并影响文化活动的进行。

3. 乡镇文化站活动经费不足，人员保障不足，发展动力不足

当被问及“您所在乡镇文化站 2008 年‘以钱养事’① 经费是多少”时，100 位文化站站长给出有效回答。1 万元以下的乡镇文化站有 4 个，1 万—2 万元的 31 个，3 万—5 万元的 45 个，5 万—10 万元的 17 个，10 万元以上的只有 3 个。大多数文化站的“以钱养事”经费只有 3 万—5 万元，平均每个乡镇文化站的“以钱养事”经费为 3.8 万元。据调查，一个县镇文化站的工作人员有 1—2 人，政府拨付的“以钱养事”经费既要保障人员工资，又要支付文化活动的经费，仅靠 3.8 万元是远远不够的。96% 的乡镇文化站长认为，经费不足是不能满足农民文化生活需要的最重要因素。

当被问及“您认为每年组织多少次文体、培训活动”时，共有 100 位文化站站长作了有效回答，认为每年组织 1—5 次比较合适的共有 61 人，占绝大多数；认为组织 6—10 次的共有 24 人；认为每年组织 10 次以上的有 15 人。综合多数人的看法，一年组织 3—5 次文化体育活动是十分必要的。通过进一步咨询“关于组织这些培训活动需要”的经费数额，认为一年内组织这些活动最低需要经费 5000 元，最高的需要 36 万元，共有 74 人认为组织这些活动的费用在 1 万—5 万元之间，综合测算，乡镇文化站站长要求每年的文化活动经费为 2.74 万元。

当被问及“文化活动经费应该如何拨付”时，共有 104 位文化工作者作了有效回答。其中认为应当通过文化局下达方式的 5 人，认为应当通过乡镇下达的 5 人，认为应当通过银行直接拨付文化站的 89 人，认为按目前“以钱养事”方式拨付的 5 人。文化站站长大多认为应当将文化活动经费单独纳入财政预算，并利用公开的银行渠道直接下拨到乡镇，避免层层拨付而导致的随意占用、挪用活动经费的现象。

乡镇文化站站长的收入情况是影响其工作积极性的重要因素。课题组

① 当前湖北农村“以钱养事”经费包含了人员经费和活动经费两个部分。

通过调查和访谈发现，乡镇文化站长的收入较低，除由乡镇领导（行政编制人员）兼任文化站站长的这一部分外，大部分退出事业编制后的“聘任人员”人均年收入在1.5万元左右（保险金另外由政府部门代为购买），与公务员和事业编制人员（如教师）相比存在较大的差距。

课题组调查了乡镇文化站站长对年收入（含福利）的期待值，共有98位文化站站长对这一问题作了有效回答。其中，期望年收入3万元的最多，共42人，占42.9%；期望2万元的12人，期望4万元的12人。将98位文化站站长的回答数额进行加权平均，得出乡镇文化站站长们期待的年收入平均值为3.04万元（见表4－8）。

表4－8　乡镇文化干部的期望收入　单位：人，万元,%

期望收入	人数	百分比	有效百分比	累计百分比
1.50	1	0.9	1.0	1.0
1.60	1	0.9	1.0	2.0
1.80	3	2.8	3.1	5.1
2.00	12	11.3	12.2	17.3
2.20	1	0.9	1.0	18.4
2.30	1	0.9	1.0	19.4
2.40	3	2.8	3.1	22.4
2.50	7	6.6	7.1	29.6
3.00	42	39.6	42.9	72.4
3.50	6	5.7	6.1	78.6
3.60	3	2.8	3.1	81.6
4.00	12	11.3	12.2	93.9
4.50	1	0.9	1.0	94.9
5.00	4	3.8	4.1	99.0
6.00	1	0.9	1.0	100.0
合计	98	92.5	100.0	
未回答	8	7.5		
总计	106	100.0		

4. 乡镇文化站对当地文化资源保护具有一定的作用，需要强化其基层公共文化管理的功能

乡镇综合文化站不仅被赋予了组织农村文化体育活动的职能，而且被

赋予了地域文化遗产保护与地方特色文化资源建设的功能，具有管理基层文化工作的职能。为此课题组设计了“您所在的乡镇是否有相关的文艺组织或协会”的问题，共有 94 位文化站站长做出有效回答。占 72.3%（68 人）的站长回答“有”，这说明大多数乡镇都设立相关的文艺组织或协会，主要是一些民间乐队、民间歌舞团、农民剧团、皮影团等。调查显示，78.6% 的乡镇文化站对当地民间艺人进行保护并登记造册（见图 4－6），部分乡镇还为民间艺人颁发艺人等级证书。这种情况说明，我国乡村社会拥有一些民族民间特色文化资源，有进行管理的必要，且乡镇综合性文化站能够承担一些管理职能。

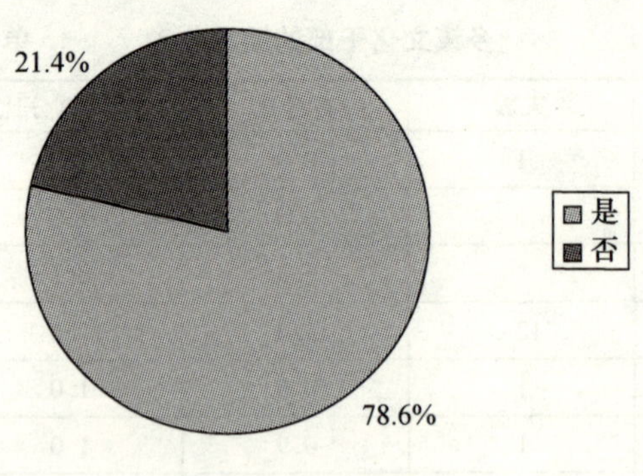

是否对民间艺人登记造册

图 4－6　对民间艺人的管理状况

四　基层文化部门对文化活动经费的期望

课题组选择公共文化建设的实践工作者作为调查对象，以期获取基层文化建设经费需求的相关数据。这些被调查者均是来自剧团、图书馆、文化馆、乡镇文化站以及广电、体育和文物部门的工作人员，他们对相关文化活动的经费需求给出了自己的答案（见表 4－9）。基层文化单位认为送戏下乡流动舞台车每年的经费需求最高为 18.78 万元，中等水平需要 12.7 万元，而低等需求只有 9.23 万元，与此相对应的 2008 年湖北省平均每个县的送戏下乡流动舞台车实际支出（包括上级财政转移支付）仅为 5.63 万元；2008 年平均每个县级图书馆实际支出 5.14 万元，低出文化系统最低期望值 4.6 万元，二者相差 89.5%；同样，平均每个县文化馆（三项服务）2008 年实际支出 18.26 万元，比文化系统最低期望值低出71.3%；在民间乡土艺人保护经费上，2008年湖北省76个被调查县平均实际支出10.43万元，同样大大低于文化系统40.9万元的最低期望值，这样的情况在农村文化建设涉及的广电、体育等部门同样存在。农村文化建设经费的严重不足阻碍了相关职能的发挥，相关活动难以组织，弱化了文化系统的基本功能。值得注意的是通过文化系统调查乡镇文化站活动经费需求要明显高于乡镇文化站站长给出的回答①，表明基层文化主体对相关问题存在着不同看法。

表4-9　　文化活动按部门划分经费支出与需求平均值②　　单位：万元

	2008年实际支出（包括上级财政转移支付）	文化系统期望值		
		最低	中等	较高
县剧团				
送戏下乡舞台流动车	5.63	9.23	12.70	18.78
农村演出场次补贴	9.74	39.88	72.34	105.46
总计	15.37	49.11	85.04	124.24
县级图书馆				
县级图书馆讲座和图书馆流动车	5.14	9.74	14.98	21.94
县文化馆				
县级文化馆组织的阵地服务（讲座、阅览等）	3.58	7.45	12.60	18.96
县级文化馆业务辅导和培训	4.72	8.65	14.60	20.74
县级文化馆业务活动（群众文艺创作、文化理论研究等）	9.96	15.19	21.62	30.32
总计	18.26	31.29	48.82	70.02
乡镇综合文化站				
乡镇综合文化站组织的文化活动	14.28	24.53	41.46	65.24
乡镇综合文化站基层业务辅导	4.82	10.83	20.65	30.30
乡镇综合文化站阵地服务（宣传橱窗、展览等）	10.95	9.24	15.63	24.52
总计	30.05	44.60	77.74	120.06

① 前文指出乡镇文化站站长认为单个乡镇文化站活动经费为2.74万元，以此推算，每个县的乡镇文化站活动经费也要低于文化系统给出的回答。

② 本表数据为湖北省被调查的76个县（市、区）文化部门回答的平均值，即一个标准县数据。

续表

	2008 年实际支出（包括上级财政转移支付）	文化系统期望值		
		最低	中等	较高
乡土民间艺人保护				
乡土民间文化人才培训	2.28	10.06	18.98	27.71
乡土文化艺术资料记录与保存	2.09	13.32	21.80	33.61
乡土民间文化遗产研究整理	6.06	17.52	35.60	53.96
总计	10.43	40.90	76.38	115.28
广电部门				
农村电影放映场次补贴	54.32	66.32	87.30	109.57
县广电系统人才培训	17.36	16.10	27.24	37.50
总计	71.68	82.42	114.54	147.07
体育部门				
系统内人才队伍培训	3.2	14.29	21.91	30.78
农民体育运动会	10.56	23.21	37.51	57.46
总计	13.76	37.50	59.42	88.24
文物部门				
文物展览	18.56	26.83	40.81	61.29
县及以下文物系统人员培训	7.96	6.69	10.34	16.12
总计	26.52	33.52	51.15	77.41

五 简要结论及其政策含义

结论一：当前湖北公共文化建设进入一个由传统文化消费方式向现代文化消费方式的快速转型时期，要求政府参与并引导这一转型过程。新中国成立后，就建立了一整套与文化计划生产体系相适应的文化供给体系，形成了一套在集体主义的结构下自上而下的活动模式。现代科技的快速发展，推动了公共文化结构的转变，在推动技术消费方式普遍化的同时导致了传统文化形式的边缘化。在原来的集体主义的文化结构加速瓦解，而与现代市场经济管理体制相适应的文化结构还没有完全建立起来的特殊时期，公共文化建设被历史赋予了培养健康、文明的生活方式，维护改革、发展、稳定大局，促进经济发展和社会文明进步的时代使命，因此政府要承担公共文化发展的主导责任，从而对这一转型过程起到引导和促进作用。

结论二：居民文化需求具有多样性，要求政府为基层丰富多样的文化需求提供可靠和有效的制度安排。通过调查发现，不同年龄层次和不同地域的“小众群体”在文化消费上具有不同的偏好，而这种不同的文化消费偏好正是公共文化产品的本质性特征，政府的公共供给体系必须要考虑基层这种特殊的消费偏好，否则就可能是无效供给。这种情况要求政府实施“弹性管理”，必须建立以“需求引导供给”的服务型管理体制。

结论三：公共文化产品集合中存在内在的秩序安排，要求政府对公共文化产品进行分类管理。理论上凡是不具备排他性的文化品都能够列入公共保障的范围，但在公共投入相对稳定的环境下，不加区别地予以保障将无法保障公共投入的效率。因此有必要按照公共服务的受益范围和公共性程度，区分基本公共文化服务、一般性公共文化服务和扩展性公共文化服务。例如，“看电视”、“体育健身”等日益成为居民共同的文化消费需求，须列入政府的基本保障范围；“公共文化信息共享工程内容资源建设（数据库等）”、“公共文化信息共享工程（数据终端设备建设）”等符合公共文化发展方向，满足了居民的发展性要求，宜列入政府的一般性保障范围；“看戏”、“上网”等体现为“小众群体”的需求，宜列入政府的拓展保障范围。

结论四：农村公共文化建设中的“软硬件”不配套业已影响到公共投入的效率，要求政府加大对软件投入的力度，发挥公共投入的综合效益。在国家的主导下，农村基础设施建设进展顺利，但是相应的公共活动、人才和技术方面，投入较小，力度不足，对公共活动和人才、技术的保障成为社会对政府部门的诉求。

结论五：湖北“以钱养事”机制符合文化体制改革的方向，为农村公共文化服务体系建设提供了一种切实可行的制度示范。

结论六：民间艺人是一支“不走”的乡间文化队伍，支撑了农村传统的公共文化空间，如果得到政府的扶持将能够在农村公共文化建设的过程中发挥一定的作用。

第五章　湖北基层公共文化单位财政保障标准调查与研究

第一节　调研的基本情况

一　调研的缘由与经过

基层公益性文化单位是基层公共文化建设的重要阵地，是保障公民基本文化权利、构建和谐社会的重要保证。2010 年 8 月至 11 月，课题组对湖北省县级（市、区）广播电视机构、剧团、剧场、公共图书馆、博物馆、文化馆、乡镇综合文化站的编制情况、财政收支状况、经费需求与保障机制进行了为期 3 个月的深入调研和典型访谈。其间，8 个调研小组分别深入安陆、宜都、崇阳等县市及湖北省外的陕西富平等三县、福建连江等三县（市）进行调研，调研组采取听取汇报、召开座谈会、实地察看等方式，认真听取各级文化部门和县（市、区）、乡镇党委政府、村委会负责人对基层文化建设的建议，了解了农村文化建设的基本情况。随后，课题组向全省县级公益性文化广电部门发放调查问卷，进行电话访谈，获得了基层文化建设的第一手资料。

二　调研的范围与样本

本次调研范围涉及县（市、区）图书馆、文化馆、博物馆（纪念馆）、剧团、广播电视台、基层剧场以及乡镇综合文化站 7 类。行政区划上覆盖全省 104 个县级行政区，发放集体性调查问卷 104 份（见表 5－1）。由于并非每一个县（市、区）都设有剧团、剧场、图书馆、博物馆（纪念馆）、文化馆、广播电视台等公益性文化机构，因此回收样本数量有差异。

本次调研所涉及的县（市）分布于全省平原、丘陵、山区等不同区域，涵盖了经济社会文化发展水平存在差异的全省不同地区的县级文化机构。

表5-1　　湖北省基层公益性文化机构经费保障标准调查样本范围

单位：份，%

文化单位类型	发出份数/表格类型	收回份数	有效份数	有效回收率
县级剧团	104	75	57	76.00
县级博物馆	104	63	55	87.30
县级公共图书馆	104	70	61	87.14
基层剧场	104	39	39	100
县级广播电视机构	104	70	59	84.29
县级文化馆	104	63	60	95.24
乡镇综合文化站	基本情况调查表	685	498	72.70
	基本文化权利经费测算表（县、市、区）	63	61	96.83
	基本文化权益经费测算表（乡镇、街道办）	527	498	94.50

为了便于比较分析，课题组还选择了陕西省和福建省的部分县级基层文化单位作为对照样本进行了问卷调查（见表5-2）。

表5-2　　　陕西省、福建省调研县（市、区）的样本分布

地区		县级剧团	县级剧场	县级公共图书馆	县级文化馆	乡镇综合文化站	博物馆	县级广播电视机构
陕西省	富平	√	√	√	√	√	—	√
	临潼	√	√	—	√	√	√	—
	阎良	—	—	—	√	√	—	√
福建省	长乐	√	√	√	√	√	√	√
	连江	√	√	√	√	√	√	√
	罗源	√	√	√	√	√	√	√

第二节　湖北省基层文化单位现状评估

一　基层公益性文化单位的现状

1. 基础设施状况

（1）乡镇综合文化站的硬件设施建设取得明显成效

调查表明，经过近几年的较大规模投入，2009 年全省乡镇文化站阅览室、文体活动室、多功能室以及办公室的平均面积分别达到 76 平方米、141 平方米、213 平方米、79 平方米，与《湖北省"十一五"期间乡镇综合文化站文化设施维修专项资金管理暂行办法》所规定的 100 平方米、100 平方米、250 平方米、50 平方米的最低标准相差不远，而乡镇综合文化站平均总面积达到 768 平方米，已大大超过了该办法所规定的 500 平方米最低标准。乡镇综合文化站的基本设施基本齐备，总体上已经具备了履行各项基本公共服务功能的基础条件。值得注意的是，乡镇综合文化站设施建设存在分布不均的现象，最大的文化站总体面积达到 7580 平方米，最小的仅 20 平方米，差距极大。

表 5-3　乡镇综合文化站总体使用面积状况分布　单位:%，个

范围	300 平方米及以下	300 至 500 平方米	500 平方米及以上
数量	196	94	208
所占比例	39	19	42

（2）基层大部分公共文化设施老、小、差、旧

除乡镇综合文化站外，全省基层大多数公共文化设施设备老旧。所调查剧场中，20 世纪 50—60 年代建成的 13 座，占被调查剧场数的 33.3%，70—80 年代建造的 15 座，占被调查的 38.5%。所调查的县级图书馆中，多数建成于 20 世纪 80 年代，建筑面积在 2000 平方米以下的占 61%。所调查的县级文化馆中，20 世纪 90 年代以后建成的仅占 30%，总面积在 800 平方米以下的文化馆 17 个，占 28.3%；总面积在 800—1500 平方米的 13 个，占 21.7%；总面积在 1500—4000 平方米的 29 个，占 48.3%；总面积在 4000 平方米以上的只有 1 个，占 1.7%。

全省县级博物馆（纪念馆）中，建筑面积最小的是公安县博物馆，仅 100 平方米。面积在 1000 平方米到 2999 平方米的有 19 所，占总数的 34.15%，面积在 1000 平方米以下的有 22 所，占总数的 40.0%。

2. 文化基层人才队伍状况

（1）总体上机构类型较多，从业人员也相对较多

尽管相比于教育、卫生等行业，文化行业机构类型较多，而行业规模不大，但通过与其他省市的横向比较发现，在全国同类机构中湖北基

层文化机构从业人员数相对较多，财政“养人”的负担并不轻松。2009 年，所调查的全省 50 个县级广播电视机构共有工作人员 7867 人，台均 157.34 人；所调查的 483 个乡镇综合文化站有工作人员 1138 人，平均每个文化站有 2.36 个工作人员，如果再加上临时聘用人员则达到 2135 人，每个乡镇文化站达到 4.42 人；所调查的县级文化馆馆均 21.26 人；所调查的县级剧团团均达到 57.45 人（见表 5－4）。

表 5－4　2009 年湖北省基层文化单位人员状况　单位：份，人

文化单位类型	样本数	人员总数	平均值
乡镇综合文化站	483	1138	2.36
县级剧团	22	1264	57.45
基层剧场	39	966	24.77
县级公共图书馆	61	1024	16.79
县级文化馆	61	1297	21.26
县级博物馆	55	831	15.11
县级广播电视机构	50	7867	157.34

（2）基层人才队伍结构相对固化，学历职称层次有待提升

调查表明，基层文化单位从业人员学历和专业化程度低。如县级文化馆，中专以及中专以下文化程度的人员占了 84.34%，大专以上学历的人员仅为 15%。人员文化程度不高、专业化程度不足的特点在整个基层文化单位成为常态。所调查县级剧团中，具有本科学历者占 2.11%，大专学历者占 13.55%，中专学历者占 39.89%，中专以下文化程度者占 44.45%；全省 80% 以上的乡镇综合文化站从业人员年龄相对老化，不少乡镇已青黄不接，而且由于待遇偏低，使得基层文化单位呈现“差的出不去，好的进不来”，陷入“两难”窘境。

2009 年，全省乡镇综合文化站共有初级职称工作人员 473 人，占总数的 42%，中级及以上职称工作人员 320 人，占 28%，无职称工作人员 337 人，占 30%；从所调查的县级剧团样本看，具有初级职称者占 54%，中级职称占 37%，副高职称占 8%，正高职称占 1%；所调查的县级公共图书馆中具有高级职称的人数总计为 32 人，占 3.12%，中级职称 332 人，

占32.4%。总体上看，县级文化机构工作人员的学历以专科学历和高中及以下学历为主，学历整体层次不高。

3. 基层文化单位经费保障状况

（1）全省文化文物部门的经费增幅达到23.63%

2009年全省文化文物单位总收入实现19.83亿元，接近20亿元大关，较2008年的16.04亿元，净增3.79亿元，增幅达23.63%。其中，财政补助收入12.57亿元，比上年的9.27亿元增加3.3亿元，增幅高达35.60%。2009年财政补助收入占总收入的63.39%，2009年文化文物部门总收入的增长主要来源于财政补助收入的增长。

表5-5　　2009年湖北省基层文化单位经费状况　　单位：份，万元

机构	有效样本数	年总收入	财政拨款	事业收入	经营收入	社会赞助	其他收入
县级剧团	54	7375.04	5249.55	—	演出收入 1495.99	131.50	498.00
基层剧场	51	95.29（均值）	35.47（均值）	—	票房和场租 25.65	2家，共23	11.17（均值）
图书馆	61	3593.19	2790	283	12		508.19
文化馆	60	—	3662.9	—	—	—	—
博物馆	55	5579	—	—	—	—	—
广播电视台	52	40334.58	12238.82	—	24320.58	—	3775.18

注：在本次调查中，武当山国际武术交流中心属全额拨款事业单位，从业人员61人，每年的财政拨款高达1294.4万元，可能影响到其他数据的代表性，因此没有计入。

表5-6　　2007—2009年湖北省基层文化单位财政拨款状况

单位：个，万元，%

机构	项目类型	2007年	2008年	2009年	2007—2008年年增长率	2008—2009年年增长率
乡镇综合文化站	机构数	1036	1023	1027	-1.25	0.39
	收入合计	6199.2	10353.5	13105.7	67.01	26.58
	其中：财政拨款	3891.5	4451.3	8642.1	14.39	94.15
	站均财政拨款	3.76	4.35	8.41	15.69	93.33

续表

机构	项目类型	2007 年	2008 年	2009 年	2007—2008 年年增长率	2008—2009 年年增长率
县级剧团	补贴团数	68	70	72	2.94	2.86
	收入合计	6243.3	6897.2	9001.2	10.47	30.51
	其中：财政拨款	4444.4	4668.3	6133.2	5.04	31.38
	团均财政拨款	65.36	66.69	85.18	2.03	27.73
基层剧场	机构数	29	32	36	10.34	12.50
	收入合计	800.1	836.8	1959.7	4.59	134.19
	其中：财政拨款	247.2	284.0	1277.3	14.89	349.75
	场均财政拨款	8.52	8.88	35.48	4.23	299.55
县级公共图书馆	机构数	81	83	90	2.47	8.43
	收入合计	4054.0	4379.6	5838.2	8.03	33.30
	其中：财政拨款	3322.2	3592.6	4889.6	8.14	36.10
	馆均财政拨款	41.01	43.28	54.33	5.54	25.53
县级文化馆	机构数	93	93	99	—	6.45
	收入合计	5123.0	5647.9	6694.9	10.25	18.54
	其中：财政拨款	3994.8	4491.4	5563.8	12.43	23.88
	馆均财政拨款	42.95	48.29	56.20	12.43	16.38
县级博物馆	机构数	68	73	80	7.35	9.59
	收入合计	5021.3	4416.1	5670.4	-12.05	28.40
	其中：财政拨款	2342.9	2041.1	4325.1	-12.88	111.90
	馆均财政拨款	34.45	27.96	54.06	-18.84	93.35
县级广播电视机构	机构数	52	52	52	—	—
	收入合计	33149.29	37378.05	41390.65	12.76	10.74
	其中：财政拨款	9754.38	10648.82	12238.82	9.17	14.93
	台均财政拨款	187.58	204.79	235.36	9.17	14.93

资料来源：《湖北省文化文物产业统计资料（2007 年度）》、《湖北省文化文物产业统计资料（2008 年度）》、《湖北省文化文物产业统计资料（2009 年度）》；其中，广播电视台的相关数据来源于本次调查的 52 个有效样本。

（2）基层公共文化经费保障不均衡的特征明显

调查表明，2010 年，全省乡镇综合文化站人均财政总投入整体上基本达到 1.5 元的政策规定标准，但差距极大，县乡两级政府人均财政拨款不足 0.5 元的占 36%，0.5—1 元的占 23%，1 元及以上的占 41%。而各级政府综合人均财政拨款不足 1.5 元的占 50%，1.5—2.5 元的占 26%，2.5 元及以上的占 24%。

从县级剧团的收入来看，2009 年 56 个剧团年财政拨款总额为 5249.55 万元，其中，仅有 28 个剧团获得了农村演出补贴。最低的每场补助 100 元，最高的每场补助 5000 元，平均每场补助 867.73 元；年补贴总额最少的为 2 万元，最多的为 30 万元，平均每团补贴 7.62 万元。25 个剧团有其他收入来源，最低收入 1 万元，最高的收入 201 万元，团均收入 19.9 万元。

被调查的 61 个县级公共图书馆中，2009 年总支出合计为 3698.8 万元，支出最高的图书馆为 194 万元，最低的只有 3.5 万元，馆均支出 60.64 万元。

所调查的县级广播电视机构中，主要财务收入来源于创收收入（包括广告收入、代维费、有线网络上缴收入等），在 52 家接受调查的县级广播电视机构中，多数没有填报其他收入来源。由于各地的经济发展水平不一、经营业绩有差别，各地广播电视机构所获得的收入差别较大。

统计显示，2009 年，湖北省 80 个县级博物馆（纪念馆）共有财政收入 4325.1 万元，馆均 53.06 万元，但馆与馆之间差距很大。如洪湖市湘鄂西革命根据地旧址纪念馆，2009 年财政补助收入为 333.0 万元；长阳土家族自治县博物馆，财政补助收入为 160.0 万元；但是，赤壁市博物馆、房县博物馆、竹山县博物馆、湖北省红安县博物馆和荆州市周梁玉桥遗址博物馆财政补助收入仅为 16.3 万元、14.2 万元、5.4 万元、5.0 万元和 1.0 万元。①

二 基层公益性文化单位服务能力评价

1. 县级公益性文化机构公共服务能力评价

（1）全省公共文化服务总体水平不断提升，但“上重下轻”的格局和“自上而下配送”的方式没有大的变化

---

① 湖北省文化厅计划财务处：《2009 年度湖北省文化文物产业统计资料》，2010 年。

继2007年第八届中国艺术节后，全省公共文化基础设施建设继续推进，公共文化服务能力随之提升。2009年省图书馆新馆工程建设顺利推进，累计合同金额超过3.5亿元。湖北艺术职业学院新校区建设工程启动。国内一流、投资7.2亿元的武汉琴台音乐厅已建成投入使用。宜昌市图书馆、随州市博物馆、黄石市博物馆等一批地方重点文化工程竣工交付使用，黄冈市博物馆、咸宁市博物馆、黄石市图书馆、鄂州市博物馆及图书馆等工程先后开工建设。2009年，全省下达乡镇综合文化站建设项目311个，建设资金5150万元，下达项目个数和资金额度创历年之最。

基层公共文化服务重点项目整体推进。全省投入文化信息资源共享工程建设资金4014万元，建成县级支中心29个、乡镇基层服务店135个、村级服务店10091个，完成信息资源共享建设120GB；新配送流动舞台车21台，基本实现了全省专业院团上山下乡巡回演出，全年演出21816场，观众2320万人次。①

（2）基层公共文化单位公共服务能力总体较低、区域差异较大

乡镇综合文化站硬件较强而软件较弱，公共服务存在能力结构缺陷。据调查统计，2005年实行“以钱养事”机制以来，2007—2009年，全省乡镇综合文化站上岗人员年均服务报酬（工资支出+福利支出+保险费支出）达到了19333元，月均超过了1500元。但不同地区间的差距依然很大。统计表明，2007—2009年，乡镇综合文化站年均人员总支出在1.5万元及以下的约占31.6%，其中年均工资水平在1.2万元以下的（月均工资不足1000元）占28.7%，1.5万元及以下的占到47.9%。在“十一五”期间乡镇综合文化站财政支出结构中，人员性支出占总支出的50%以上，而公共性支出所占比重不到30%。这是当前乡镇综合文化站公益性服务职能发挥不足的重要根源之一。

剧团普遍呈现“养人”的特征，人才老化严重，创新能力不足。被调查剧团2009年总支出额7825.36万元，团均为137.29万元，支出最大的为694.1万元，最小的为24.91万元。其中，在职人员经费占40.3%，离退休人员经费占14.78%，人员经费超过55%，业务经费仅占12.13%。在生产创作上，2007—2009年，45个县级剧团共投入853.54万元，生产

① 湖北省文化厅计划财务处编印：《2009年度湖北省文化文物产业统计资料》，2010年。

创作了187个剧节目，但每个剧节目投入仅4.56万元。团均每年生产1.3个新剧目，基本上处于一个正常的生产水平。

基层剧场两极分化，人员待遇较低，经营普遍乏力。调查表明，全省89.5%的县级剧场能正常开展活动。全省剧场年经费支出额在3.8万—433.8万元，平均年支出76.59万元。办公经费和税金支出平均3万元，显示经营不足。在职人员月平均工资最低的只有140元，最高的3167元，平均1189.96元。调查发现，各基层剧场的财务收支状况不容乐观，26家剧场收支基本平衡，10家剧场收不抵支。只有武穴市影剧院经营状况良好，2009年有近10万元的盈余。

县级公共图书馆保障水平参差不齐，公共服务水平有限。被调查的61个县级图书馆中，2009年馆均人员经费支出为23.59万元，占总支出的38.9%；馆均购书经费5.76万元，仅占9.5%；馆均活动经费5.49万元，馆均延展服务经费2.56万元。调查表明，部分县图书馆因公用经费严重不足，影响了日常运行效率。图书馆工作人员福利待遇不高，导致部分人员存在“做一天和尚撞一天钟”的思想。

县级文化馆同样差异很大，处于维持局面状态。2009年，被调查文化馆的年总支出总和为4652.99万元，平均每个文化馆支出77.55万元，支出最多的为271.14万元，最少的仅为2万元。调查表明，财政拨款存在缺口，2007—2009年财政拨款能够保障文化馆基本支出的，仅占20%、20%、26.7%。这意味着绝大多数县级文化馆需要自行寻找“财路”，以弥补经费缺口，因此，存在着较大的生存压力。

县级博物馆（纪念馆）资源分布不均。此次调研涉及的各个博物馆（纪念馆）共有藏品368948件。藏品分布不均，浠水县博物馆拥有藏品51020件，藏品最多；神农架自然博物馆仅有208件藏品。

本次调查涉及的55所县级博物馆（纪念馆）2009年支出为5505万元，而收入总额为5579万元，收支差额74万元。业务支出项目总计2525万元。55座博物馆（纪念馆）的业务支出中，最大的为391万元，最小的为0元，均值为45.91万元。

与其他文化机构不同的是，县级广播电视机构项目经费增长较快，公共服务能力持续提升。2009年，所调查59个县级广播电视机构（53个有效样本）中，有线电视收视费总额为9992万元，平均每县（市、区）为188.53万元。在50个有效样本中，“村村通”维护费用总额14234.48万元，县均 284.69 万元。在 44 个有效样本中，2009 年项目支出费用总计 13130.78 万元，比 2008 年增长了 34.74%，增幅显著，表明了基层广播电视行业发展较快，服务能力持续提升。

2. 基层文化机构服务效率评价

（1）乡镇综合文化站公共服务效率有待提高

据调查，当前乡镇综合文化站的硬件设施具备了较强的公众服务能力，其阅览室、文体室、多功能室、信息共享工程、健身器材等设施完全能够满足基本需求。但统计数据表明，由于图书室资料缺乏、人才老化、管理乏力等软件不配套，2009 年日均服务 3 人次以上的阅览室、文体活动室、多功能室与共享工程基层点分别只有 39%、38%、42% 和 38%，日均服务人次在 1 人以下的分别达到 29%、33%、34% 和 36%。而本应该是最受欢迎的基层健身场所，日均服务人次在 1 人以下的仍然有 21%，日均服务人次在 10 人以上的仅有 36%。

（2）县级剧团演出产品政府购买是主流

2007—2009 年，被调查剧团 3 年演出场次最多的达 784 场，最少的为 28 场，年均演出场次 248 场。2009 年，55 个剧团总演出场次 13239 场，团均 241 场。其中，被调查剧团经营性演出场次 6095 场，团均 117 场。公益性演出 7134 场，团均 127 场，其中农村演出 5641 场，团均 101 场，城镇演出 1781 场，团均 34 场。公益性演出略多于经营性演出，农村演出多于城镇演出，这是得益于政府实行农村演出场次补贴的结果。

（3）基层剧场经营状况差异很大

2007—2009 年剧场年均演出场次为 79 场，平均每场观众人数为 686 人。2009 年，全省剧场公益演出场次最少的仅 2 场，最多的为 209 场，平均每个剧场年均公益演出 28.9 场。经营性演出年均为 61 场。从调研情况看，15 个剧场 2009 年开展的公益性活动不到 10 场次，占被调查剧场的 38.5%，其中 7 个剧场开展的公益性活动在 3 次以下；“场团合一”的剧场开展公益性演出活动的场次相对较多，一般都在 30 场以上。

（4）县级公共图书馆有限的公共资源存量基本得到利用

2009 年各县（市）公共图书馆的总藏量为 502 万册，新购图书 18.5 万册，发送有效借阅证 26.2 万个，流通人次 383 万人次，借阅册次为 414 万次；其中流动图书馆借阅次数为 18.3 万次，参加人数 36 万人次；讲座次数362次，16万人次参加；电子阅览室电脑2122台。2009年，馆均藏书量8.37万册，流通册次6.89万次，县级公共图书馆有限的资源存量基本得到利用。

表5－7 2009年县级图书馆业务情况

业务名称	有效样本数	最小值	最大值	业务总量	平均值
总藏量（万册）	60	0.00	16.9	502	8.37
新购图书（万册）		0.00	2.2	18.5	0.31
发送有效借阅证数（万个）		0.00	8.91	26.2	0.44
流动图书点（个）		0.00	66	557	9.28
流通人次（万人）		0.00	35	383	6.38
借阅册次（万次）		0.00	33.2	414	6.89
流动图书馆借阅次数（万次）		0.00	3.22	18.3	0.31
流动图书借阅参加人次（万人）		0.00	8.00	36	0.60
讲座次数（次）		0.00	30	362	6.03
讲座参加人次（万人）		0.00	3	16	0.27
电子阅览室电脑数量（台）		0.00	80	2122	35.97

（5）县级文化馆基本发挥了组织群众活动和保护非物质文化遗产的作用

2007—2009年，被调查的县级文化馆中，组织群众文化活动最多的馆29次/年，最少的22次/年，平均26次/年。2007—2009年，平均每年文化活动参与人数分别为818.36人、944.9人、1043.27人，人均受众经费支出三年分别为2.79元、3.15元和3.26元。组织一次群众文化活动平均开支为0.41万元。

在非物质文化遗产保护方面，被调查的文化馆呈现整理数量、投入工作时间和投入人次逐年加大的态势。2007年共整理非物质文化遗产项目5430个，投入总额978万元。在62个有效样本中，馆均整理非物质文化遗产项目87.6个，馆均花费15.77万元，平均整理一个非物质文化遗产项目花费1801.10元。2008年共整理非物质文化遗产项目6265个，投入总额2066.05万元；在59个有效样本中，馆均整理非物质文化遗产项目

106.2个，馆均花费35.02万元，平均整理一个非物质文化遗产项目花费3297.77元。2009年共整理非物质文化遗产项目12867个，投入总额999万元，在61个有效样本中，馆均整理非物质文化遗产项目210.9个，馆均花费16.38万，平均整理一个非物质文化遗产项目花费776.40元。

（6）县级博物馆的保存与展示功能不断完备

调查表明，全省县级博物馆（纪念馆）保存保护了一批文物，使地方文化遗产得到了较好的传承和发展。在有效样本中，47家县（市）级博物馆（纪念馆）年观众总量421万次，馆均8.96万人次；10家县级博物馆（纪念馆）建立了网站，16家建立了博物馆商店；县级博物馆（纪念馆）开展了下乡巡展、免费培训 、免费讲座、第二课堂活动、中国文化遗产日活动、国际博物馆日活动，每年为3—8次。

（7）县级广播电视机构的公共服务水平快速提升

在所调查的59个县级广播电视机构中，有48个县级广播电视机构开展了多项业务活动。2009年，农村电视节目播出时间为307375.25小时，县均6403.7小时；在43个有效样本中，农村广播节目播出时间238079.5小时，县均播出5536.7小时。同年，在51个有效样本中，农村有线广播电视通行政村数873个，平均17.12个；在其中的52个有效样本中，农村有线电视总用户数1822611户，平均35050.2户；在29个有效样本中，农村数字电视用户总户数196485户，平均6775.3户；在34个有效样本中，农村直播卫星接收站433960个，平均12763.5个。2007—2009年，全省农村广播电视业公共服务取得了积极的进展。

第三节 基层公共文化服务“事权”与财力的对位性分析

一 全国与湖北省基层文化单位财政拨款对比

与全国其他省市相比，湖北省基层文化单位获得的公共财政拨款有高有低。其中县（市）级剧团、剧场、乡镇文化站的公共支出高于全国平均水平；公共图书馆、文化馆、博物馆（纪念馆）则低于全国平均水平（见表5-8）。

表 5－8　　2009 年全国与湖北省基层文化单位财政拨款对比

单位类型	全国			湖北省		
	机构数/补贴团数（个）	财政拨款（万元）	平均值（万元）	机构数/补贴团数（个）	财政拨款（万元）	平均值（万元）
县级剧团	1601	127284.4	79.5031	72	6133.2	85.1833
基层剧场	882	15052.9	17.0668	36	1277.3	35.4806
县级图书馆	2491	222355.1	89.2634	90	4889.6	54.3289
县级文化馆	2862	233475.7	81.5778	99	5563.8	56.2000
乡镇文化站	33378	263288.8	7.8881	1027	8542.1	8.3175
县级博物馆	1596	141137.7	88.4321	80	4325.1	54.0638

资料来源：《中国文化文物统计年鉴（2010）》。

二　湖北与陕西的比较分析

湖北省与陕西省都是文化大省，同处中部欠发达地区。2009 年，湖北省基层文化单位除县级文化馆外，所获得的公共财政经费均高于陕西省，从总体上看，湖北省的公共资助力度要更大一些，但陕西省的人均工资福利收入水平要高于湖北省（见表 5－9）。

表 5－9　　2009 年湖北与陕西两省基层公益性文化单位情况对比

	项目类型		湖北省		陕西省	
			总计	机构平均值	总计	机构平均值
县级剧团	机构数（个）		72	—	86	—
	从业人员（人）		3017	41.90	4031	46.87
	收入合计（万元）		9001.2	125.02	8902.8	103.52
		财政拨款	6133.2	85.18	6630.8	77.10
		事业收入	2018.7	28.04	2058.9	23.94
		演出收入	1644.2	22.84	1900.4	22.10
	人均收入（元）		29834.94	—	22085.83	—
	支出合计（万元）		8978.4	124.70	8814.0	102.49

续表

	项目类型	湖北省		陕西省	
		总计	机构平均值	总计	机构平均值
县级剧团	基本支出	7619.5	105.83	8092.1	94.09
	项目支出	830.5	11.53	430.8	5.01
	支出合计中：工资福利支出	4354.1	60.47	6311.0	73.38
	人均工资福利支出（元）	14431.89	—	15656.16	—
	人均支出（元）	29759.36	—	21865.54	—
县级剧场	机构数（个）	36	—	74	—
	从业人员（人）	598	16.61	781	10.55
	收入合计（万元）	1959.7	54.44	1769.0	23.91
	财政拨款	1277.3	35.48	793.5	10.72
	事业收入	445.9	12.39	238.8	3.23
	演出收入	242.8	6.74	106.2	1.44
	人均收入（元）	32770.90	—	22650.45	—
	支出合计（万元）	1945.9	54.05	1742.9	23.55
	基本支出	858.2	23.84	1428.9	19.31
	项目支出	1013.9	28.16	145.8	1.97
	支出合计中：工资福利支出	612.4	17.01	1174.6	15.87
	人均工资福利支出（元）	10240.80	—	15039.69	—
	人均支出（元）	32540.13	—	22316.26	—
县级公共图书馆	机构数（个）	90	—	104	—
	从业人员（人）	1332	14.80	1419	13.64
	收入合计（万元）	5838.2	64.87	4940.2	47.50
	财政拨款	4889.6	54.33	4774.8	45.91
	购书专项经费	621.0	6.90	113.7	1.09
	事业收入	258.3	2.87	16.0	0.15
	人均收入（元）	43830.33	—	34814.66	—
	支出合计（万元）	5643.2	62.70	4934.7	47.45
	基本支出	4122.8	45.81	4564.4	43.89
	项目支出	1081.5	12.02	115.1	1.11
	支出合计中：工资福利支出	2663.6	29.60	3518.8	33.83
	人均工资福利支出（元）	19997.00	—	24797.74	—
	人均支出（元）	42366.37	—	34775.90	—

续表

	项目类型		湖北省		陕西省	
			总计	机构平均值	总计	机构平均值
县级文化馆	机构数（个）		99	—	109	—
	从业人员（人）		1800	18.18	1932	17.72
	收入合计（万元）		6694.9	67.63	7500.1	68.81
		财政拨款	5563.8	56.20	7152.8	65.62
		专项经费	415.8	4.20	360.3	3.31
		事业收入	468.6	4.73	112.2	1.03
	人均收入（万元）		37193.89	—	38820.39	—
	支出合计（元）		6677.8	67.45	7461.5	68.45
		基本支出	5187.0	52.39	6862.9	62.96
		项目支出	682.4	6.89	304.4	2.79
	支出合计中：工资福利支出		3303.9	33.37	4908.4	45.03
	人均工资福利支出（元）		18355.00	—	25405.80	—
	人均支出（元）		37098.89	—	38620.60	—
乡镇文化站	机构数（个）		1027	—	1518	—
	从业人员（人）		2204	2.15	3033	2.00
	收入合计（万元）		13105.7	12.76	8130.7	5.36
		财政拨款	8642.1	8.41	7496.8	4.94
		专项经费	939.1	0.91	114.3	0.08
		事业收入	506.3	0.49	39.8	0.03
	人均收入（元）		59463.25	—	26807.45	—
	支出合计（万元）		13272.2	12.92	8150.4	5.37
		基本支出	5682.7	5.53	6332.6	4.17
		项目支出	6492.8	6.32	1446.7	0.95
	支出合计中：工资福利支出		3207.5	2.95	6030.6	3.97
	人均工资福利支出（元）		14553.09	—	19883.28	—
	人均支出（元）		60218.69	—	26872.40	—

资料来源：湖北省财政厅和陕西省财政厅相关数据。

三　湖北与福建的比较与案例分析

将湖北的整体情况与福建长乐（发达水平）、连江（中等水平）、罗源（一般水平）等县（市）进行比较分析，不难发现，2009 年，湖北的文化资源的丰富程度、人员的学历结构要优于福建，但湖北省基层文化机构的整体设施设备条件和公共保障程度只相当于福建省的中等水平。

1. 县级博物馆（纪念馆）

湖北省县级博物馆（纪念馆）人员职称级别结构层次较高，馆均编制人数较多，馆藏和馆均占地面积要高于福建县级博物馆（纪念馆），特别是馆均财政拨款额湖北要高于福建。但福建县级馆三级以上藏品数目、展厅面积都高于湖北省的均值。

表 5－10　湖北省县级博物馆（纪念馆）均值与福建四馆收支状况比较

单位名称	人员编制数（人）	财政事业经费（万元）	全年支出总额（万元）	年业务经费占总支出经费比例（%）
长乐市博物馆	10	56.8	104.9	22.28
连江县博物馆	5	44.64	77.12	76.72
罗源县博物馆	3	25.08	38.08	64.52
长乐市郑和史迹陈列馆	3	43.22	37.29	40
湖北省平均值	15.11	57.13	100.09	45.44

表 5－11　湖北省县级博物馆（纪念馆）均值与福建四馆建筑面积及馆藏比较

单位名称	建筑面积（㎡）	库房面积（㎡）	展厅面积（㎡）	临时展厅面积（㎡）	文物藏品总数（件）	三级以上文物藏品数（件）
连江县博物馆	3067.89	400	800	400	6874	1458
长乐市博物馆	8600	350	5000	1500	1977	295
罗源县博物馆	1050	52	580	100	1774	27
长乐市郑和史迹陈列馆	1387	—	748	400	230	2
湖北省均值	2296.96	357.47	1058.69	180.87	6708.15	169.16

2. 县级文化馆

湖北省县级文化馆办公设施较福建省存在较大的差距，设施面积和财政拨款水平总体上与福建省的中等水平大体相当，但湖北省县级文化馆工作人员学历水平整体上要高于福建省（见表5－12）。

表5－12　2009年湖北省与福建省县级文化馆从业人员比较　单位：人

	编制数	实有人数	在编人数	按职称分		按学历分		
				高级职称	中级职称	初中及以下	高中及中专	大学及以上
湖北省均值	19.1	21.27	18.97	1.57	11.4	2.43	11.4	8.9
长乐市	9	11	9	—	2	—	2	7
连江县	7	7	7	—	2	—	4	3
罗源县	6	6	6	—	1	—	2	4

福建省3个县级文化馆的财政拨款，除了长乐市以外，均低于湖北省县级文化馆的均值（见表5－13）。

表5－13　湖北省与福建省县级文化馆财政拨款与支出的比较　单位：万元

年份	项目类型	财政拨款	支出合计	人员经费	日常公用支出	个人及家庭补助	房屋维修费	设备购置费	开展活动经费
2007	湖北省均值	50.91	56.11	36.18	7.04	—	2.34	1.69	8.86
	长乐市	98	92.2	28	19	2.2	—	43	—
	连江县	29.91	30.5	19.57	5.64	5.29	—	—	—
	罗源县	16.4	16.4	11.5	3.8	1.1	—	—	—
2008	湖北省均值	47.04	62.24	39.42	8.19	—	3.57	1.20	9.86
	长乐市	37	44.2	26	17	1.2	—	—	—
	连江县	56.72	62.72	15.8	6.35	4.57	26	10	—
	罗源县	19.9	19.9	11.7	6.9	1.3	—	—	—
2009	湖北省均值	64.6	75.11	41.68	10.97	—	8.13	2.98	11.35
	长乐市	127	177	33	47	4	—	30	63
	连江县	38.8	39.33	19.05	2.52	2.76	—	5.16	9.84
	罗源县	19.8	19.8	12.3	6.1	1.4	—	—	—

3. 县级图书馆

就图书馆人员素质而言，湖北省与福建省相差不大。但湖北省县级图书馆设施面积总体上与福建省较好的长乐市有较大差距，但优于罗源县图书馆。福建长乐市、连江县和罗源县图书馆分别建成于2004年、1992年和2005年。总体上，湖北省县级图书馆基础设施与处于中等水平的连江县也有一定差距，但比保障水平较差的罗源县图书馆要好一些。2007—2009年，长乐市、连江县图书馆收入高于湖北省县级图书馆的均值，但罗源县则要低于湖北省的均值（见表5－14）。

表5－14 湖北省与福建省县级图书馆收入比较 单位：万元

年份	地 域	收入合计	财政拨款	事业收入	经营收入	其他收入
2007	湖北省均值	49.40	34.20	4.52	2.67	8.01
	长乐市	456.38	119.38	—	—	337.00
	连江县	68.40	65.00	3.40	—	—
	罗源县	18.40	18.40	—	—	—
2008	湖北省均值	49.40	34.20	4.52	2.67	8.01
	长乐市	195.53	145.03	—	—	50.50
	连江县	48.30	42.00	6.30	—	—
	罗源县	12.00	12.00	—	—	—
2009	湖北省均值	72.97	45.71	7.87	4.0	15.39
	长乐市	1034.08	145.02	—	—	889.06
	连江县	84.7	80.00	4.70	—	—
	罗源县	18.60	18.60	—	—	—

4. 乡镇综合文化站

比较分析发现，陕西省西安市阎良区武屯镇和关山镇文化站，其人均财政支出分别为2.8万元和2.3万元，在陕西省属于财政支出较高水平，福建长乐市和罗源县乡镇文化站仍然保留了传统的编制管理体制，除罗源县霍口畲族乡等个别乡镇外，其余乡镇文化站的人均支出均低于湖北省。

表 5-15　　鄂、陕、闽三省乡镇文化站人均经费支出比较

<table>
<tr><th colspan="2">地区</th><th>人员编制数（人）</th><th>实有人员数（人）</th><th>财政拨款（万元）</th><th>事业收入（万元）</th><th>人员支出（万元）</th><th>公用支出（万元）</th><th>人均经费支出（万元）</th></tr>
<tr><td colspan="2">陕西富平县</td><td>31</td><td>31</td><td>22.2</td><td>0</td><td>22.2</td><td>2.7</td><td>0.8032</td></tr>
<tr><td rowspan="2">西安阎良区</td><td>武屯镇</td><td>—</td><td>3</td><td>8.4</td><td>0</td><td>8.4</td><td>0</td><td>2.8</td></tr>
<tr><td>关山镇</td><td>—</td><td>4</td><td>9.2</td><td>0</td><td>9.2</td><td>0</td><td>2.3</td></tr>
<tr><td colspan="2">福建省长乐市</td><td>34</td><td>62</td><td>130</td><td>250</td><td>89.3</td><td>24</td><td>1.8274</td></tr>
<tr><td rowspan="4">福建省罗源县</td><td>起步镇</td><td>1</td><td>2</td><td>1.8</td><td>7.2</td><td>2.62</td><td>0</td><td>1.31</td></tr>
<tr><td>凤山镇</td><td>3</td><td>4</td><td>6.3</td><td>0</td><td>5.8</td><td>0.5</td><td>1.575</td></tr>
<tr><td>鉴江镇</td><td>1</td><td>2</td><td>4</td><td>0</td><td>3</td><td>1</td><td>2</td></tr>
<tr><td>霍口畲族乡</td><td>3</td><td>3</td><td>31.9</td><td>0</td><td>8.7</td><td>3.2</td><td>3.9667</td></tr>
<tr><td colspan="2">湖北乡镇文化站平均值</td><td>—</td><td>2.15</td><td>8.41</td><td>0.49</td><td>3.12</td><td>2.41</td><td>2.5721</td></tr>
</table>

注：湖北省乡镇文化站平均值由《湖北省文化文物产业统计资料（2009）》中相关数据计算得出，为简化计算方法，结合资料的统计项目，人员支出相对于统计资料中"工资福利支出"，公用支出由基本支出减去工资福利支出得出。

5. 县级剧团

从剧团从业人员的构成来看，福建长乐市闽剧团和陕西富平阿宫剧团都是规模较大的县级剧团，连江县闽剧团和罗源县闽剧团则属小规模剧团。长乐市闽剧团正式职工比例较少，编外聘用人数较多，社会化程度较高。而陕西富平阿宫剧团的人员多为编制内人员，是一个老剧团。

湖北省 2009 年平均每团 58 人左右，低于长乐市闽剧团的 63 人；正式职工平均 40 人，高于福建长乐市闽剧团和罗源县闽剧团的 15 人和 7 人。在剧团人员的文化程度方面，被调查的四个外省剧团的人员文化程度普遍偏低，仅陕西富平阿宫剧团有本科 1 人、大专 1 人，其他多为中专及中专以下文化程度。与湖北省的剧团相比，长乐市闽剧团、连江县闽剧团在总收入和演出收入上都高于湖北均值，但财政拨款却低于湖北省均值，这反映了这两个剧团经费自给率高，对国家财政的依赖程度相对较低（见表 5-16）。

表 5－16　　2009 年湖北省与外省县级剧团经费收支比较　　单位：万元

项目	湖北省均值	长乐市闽剧团	连江县闽剧团	罗源县闽剧团	陕西富平阿宫剧团
总收入	131.56	259.3	159.63	9.8	35
财政拨款	93.74	73.3	34.8	9.8	20
演出收入	27.70	185	124.83		15
社会赞助	10.12	1	—	—	—
财政人均拨款（元）	16162.07	—	12000	—	—
人均月工资（元）	1026.19	—	1160	—	500
总支出	118.65	231.1	146.8	9.8	66
办公费	5.10	2	0.21	—	2
业务费	17.58	80	36.27	—	13
在职人员经费	58.41	114.1	108.75	9.8	30
离退休人员经费	25.14	—	1.57	—	21
设备购置费	12.42	35	—	—	—

6. 基层剧场

2007—2009 年，湖北省基层剧场的财政拨款逐年增加，平均每个剧场的年财政拨款从 2007 年的 5.09 万元增加到 38.34 万元，设备购置费也从 2007 年的 0.57 万元增加到 8.52 万元，固定资产增加值从 2007 年的 46.17 万元增加到 2009 年的 60.28 万元，2008 年平均每个剧场的固定资产增加值达到 62.89 万元。同中部其他五个省份相比，2009 年湖北省对基层剧场的财政投入力度最大。

7. 县级广播电视机构

2009 年，湖北省县级广播电视机构编制数县均 112.24 人，实有从业人数县均 157.34 人，编制数分别比福建省连江县、罗源县、长乐市多 92.24 人、86.24 人、87.24 人，可见湖北省县级广播电视机构人员阵容较大，远高于福建省。2009 年，湖北省县级广播电视机构在编人员人均经费定额补贴标准平均为 2.27 万元，分别比福建省连江县、罗源县、长乐市低 2.78 万元、1.52 万元、2.29 万元，远低于福建省的人均定额补贴标准（见表 5－17）。

表5－17　2009年湖北省县级广播电视机构与福建三县（市）从业人员的比较　单位：人，万元

县级广播电视机构	编制人数	实有从业人员	在编人员人均经费定额补贴标准
湖北省平均值	112.24	157.34	2.27
福建连江县	20	118	5.05
福建罗源县	26	—	3.79
福建长乐市	25	81	4.56

2009年，湖北省县级广播电视机构财政总收入平均值（794.37万元）高于福建省连江、罗源、长乐三县（市）的平均值677.59万元，分别比连江、罗源两县财政总收入高出144.44万元、269.92万元，但比福建长乐市低64.03万元。其中，县级广播电视机构财政拨款收入，湖北省平均值为235.36万元，远高于福建省，这说明湖北省对县级广播电视机构的财政拨款力度较大，也同时反映了湖北省县级广播电视机构对上级财政拨款的依赖程度较高（见表5－18）。

表5－18　2009年湖北省县级广播电视机构与福建三县（市）财政收入比较　单位：万元

县（市）	财政拨款收入	创收收入	其他收入	合计
湖北省平均值	235.36	486.41	72.6	794.37
福建连江县	124.91	525.02	—	649.93
福建罗源县	129.13	395.32	—	524.45
福建长乐市	113.99	744.41	—	858.4

第四节　基层文化单位分类性事权及公共保障标准确定

基层事业单位工作人员的工资福利具有政策刚性，必须按照当地政府的有关规定执行，因此不列入本书的讨论范围。本章讨论的是基层公益性文化单位的项目经费和运营经费的公共资助标准。

一 县级博物馆（纪念馆）的事权及其保障标准

按照博物馆（纪念馆）所具有的藏品收藏、保护、研究、展示四大基本功能，县级博物馆（纪念馆）的基本功能主要体现为文物保存保护、博物馆（纪念馆）开放后的展示展览、社会教育三大类。体现文物保护功能的主要载体是文物库房建设和维护，其经费保障需要配合国家文物局"十二五"时期中西部地区区域中心库房的建设规划，必须单独核算。展示展览、社会教育功能的实现因馆而异，其经费的预测必须依照各馆条件的差异，分三类博物馆（纪念馆）实行级差投入方式。省级财政和县（市）财政对于不同类别的博物馆（纪念馆）给予不同数量的资金支持（见表5－19）。

表5－19 湖北省博物馆（纪念馆）基本事业经费最低保障标准的测算

单位：万元

财政分摊方法	一类馆（19家）	二类馆（40家）	三类馆（15家）	总额（74家）
省财政	570	1000	300	1870
县（市）财政	380	600	150	1130
省、县（市）财政合计	950	1600	450	3000

二 县级文化馆的事权及其核算标准

县级文化馆的职能主要体现为组织指导群众性社会文化活动，继承、搜集、整理、挖掘和保护民族民间非物质文化遗产两大功能。县级文化馆的项目支出包括：（1）组织群众文艺活动的支出；（2）日常公用开支；（3）开展系统内部人员辅导与培训的支出；（4）非物质文化遗产保护经费，包括设备（多媒体现代化设备、新型影音器材等）和人工费用；（5）专项房屋维修费；（6）设备维护费和材料消耗费。据此核算，省财政年需投入4927.23万—5472.62万元。

三 县级公共图书馆的事权及其核算标准

公共图书馆主要体现为保存人类文化知识遗产及开发智力资源，传递科学情报信息，开展社会教育并提供公共文化空间五大职能。课题组以被调查对象的人均期望值作为依据，制定湖北省县级公共图书馆财政保障的相关标准。以2009年被调查的61个县馆期望人均财政拨款为1.00元，以人均期望值80%作为高标准，65%作为中标准，50%作为低标准，然后分“三类地区”，测算湖北省县级图书馆财政保障标准。统计显示，2009年“一类地区”人口占全省人口的39.28%，“二类地区”人口占全省人口的31.60%，“三类地区”人口占全省人口的29.12%。最后根据测算出的高、中、低三种标准财政拨款乘以三类地区人口占全省人口比例，得出不同类地区不同标准所需财政拨款的数目。若按高标准，省级财政每年需承担1949.98万元，县级财政则需承担3052.02万元；若按中标准，省级财政每年需承担1569.5万元，县级财政需承担2456.51万元；若按低标准，省级财政需承担1212.79万元，县级财政需承担1898.21万元。

四 乡镇综合文化站的事权及其核算标准

乡镇综合文化站的主要职能是乡镇文化艺术健身活动的组织管理服务，读书、看报以及公共信息资源等7种基本公共文化服务的提供。财政资助项目包括：直接承担公益性服务项目工作人员的劳务报酬；直接承担公益性服务项目工作人员的养老保险费；开展公益性服务项目所必需的基础性设施与设备建设与维护经费。湖北省县乡两级财政的预期人均投入经费为1.67元，而三级财政的预期总投入为人均2.42元，省、县、乡三级财政的常规化人均财政投入量最低标准确定为人均2.5元是可行的。根据这一标准，建议将县乡财政支出标准定为不低于1.0元，主要用于公益性服务岗位人员支出；而将省级财政支出标准定为不低于1.5元，主要用于乡镇综合文化站基础设施与设备的购置与日常维护。全省预计年支出总额15000万元。

五 基层剧团的事权及其核算标准

基层艺术表演团体主要承担艺术产品的生产与传播的基本职能。目前，除人员工资福利外，对县级剧团的财政保障主要以农村演出场次补贴的形式来实现，目的在于通过培育演出市场，激发艺术院团的创作和生产活力，更好地为广大农民群众服务。课题组认为，演出补贴是一条较好的财政激励路径。测算农村演出场次的补贴标准主要考虑演出场次和演出成本两项指标。根据调查，剧团农村演出的基本保障经费可以依据演出场次等级和补贴等级进行测算：农村年演出180场以上，采取较高补贴标准（50%）；年演出60—179场，采取中等补贴标准（35%）；年演出60场以下，采取较低补贴标准（20%）（见表5-20）。

表 5－20　　县级剧团农村演出场次补贴标准测算　　单位：元

<table>
<tr><th>补贴等级
成本等级</th><th>高标准（演出180场以上）（50%）</th><th>中等标准（演出60—179场）（35%）</th><th>低标准（演出1—59场）（20%）</th></tr>
<tr><td rowspan="2">高成本剧团
（场均4500元以上）</td><td rowspan="2">最低：405000</td><td>最高：281925</td><td>最高：53100</td></tr>
<tr><td>最低：94500</td><td>最低：9000</td></tr>
<tr><td rowspan="2">中等成本剧团
（场均2500—4500元）</td><td>最高：405000</td><td>最高：281925</td><td>最高：53100</td></tr>
<tr><td>最低：225000</td><td>最低：52500</td><td>最低：5000</td></tr>
<tr><td rowspan="2">低成本剧团
（场均800—2500元以下）</td><td>最高：225000</td><td>最高：156625</td><td>最高：29500</td></tr>
<tr><td>最低：72000</td><td>最低：16800</td><td>最低：3160</td></tr>
</table>

六　基层剧场的事权及其核算标准

基层剧场主要承担提供公共文化活动场所的职能。根据调查测算，全省基层剧场进行全面整修需要财政经费 9024. 52 万元（见表 5－21）。“十二五”期间，省级财政部门可以按照地方意愿和基层剧场基础条件，分年度、分批进行维修维护。根据这一思路，财政部门每年需要拨付基层剧场的维修维护经费为 1804. 90 万元。

表 5－21　　基层剧场年维修更新经费保障标准

<table>
<tr><th rowspan="2">财政保障项目</th><th rowspan="2">测算平均数
（元/m^2、元/个）</th><th colspan="3">经费保障测算</th></tr>
<tr><th>保障标准
（元/m^2、元/个）</th><th>保障数量
（m^2、个）</th><th>金额
（万元）</th></tr>
<tr><td>主体建筑维护</td><td>52. 33</td><td>55</td><td>79690</td><td>438. 30</td></tr>
<tr><td>设施设备维修</td><td>2039. 19</td><td>2050</td><td>41884</td><td>8586. 22</td></tr>
<tr><td>合　计</td><td>—</td><td>—</td><td>—</td><td>9024. 52</td></tr>
</table>

七　县级广播电视机构的事权及其核算标准

县市广播电台、电视台主要承担国家信息、地方政府信息的收集整理与传播，农村文化科技节目的制作生产与传播等职能。公共财政宜重点补助内容生产经费和渠道运营经费。综合全省县级广播电视机构 2007 年、2008 年、2009 年财政收支状况、财力水平和创收盈利能力，建议省级财政部门每年适度增加对县级广播电视机构的财政拨款总额。分为三类：经济较为发达、财力和创收盈利能力较强的县年均增加 30 万元左右；中等财力水平和创收盈利能力的县年均增加 35 万元左右；财力水平和创收能力较差的县，尤其是老、少、边、穷地区、国家级贫困县和省级贫困县年均增加财政拨款45万元左右。

表5－22 “十二五”时期湖北省基层公共文化机构财政拨款增幅一览表

单位：个，人，万元

单位	支出类型	机构数	从业人员	支出合计								支出合计中：	
				财政拨款总额		基本支出		项目支出		经营支出		工资福利支出	
				总计	均值	总计	均值	总计	均值	总计	均值	总计	均值
县级剧团	2009年	72	3017	8978.4	124.70	7619.5	105.83	830.5	11.53	80.6	1.12	4354.1	1.4432
	2011年预算标准			增加农村演出补贴的力度，农村演出补贴预算1275.26万元									
基层剧场	2009年	36	598	1945.9	54.05	858.2	23.84	1013.9	28.16	34.8	0.97	612.4	1.0241
	2011年预算标准			增设县（市）级剧场（中心）的维修经费专项，每年县（市）级剧场的维修维护经费预算为1804.90万元									
县级公共图书馆	2009年	90	1332	5643.2	62.70	4122.8	45.81	1081.5	12.02	19.9	0.22	2663.6	1.9997
	2011年预算标准			增加县级图书馆的财政拨款总额，从2009年5643.2万元增加到2011年的6689.61万元，增加幅度为18.54%；其中，基本支出4821.32万元，增长16.94%，项目支出1468.29万元，增长35.76%									
县级文化馆	2009年	99	1800	6677.8	67.45	5187	52.39	682.4	6.89	38.2	0.39	3303.9	1.8355
	2011年预算标准			增加县级文化馆的项目经费。五种项目经费预算4029.3万元									
乡镇综合文化站	2009年	1027	2204	13272.2	12.92	5682.7	5.53	6492.8	6.32	188.9	0.18	3207.5	1.4553
	2011年预算标准			增加财政拨款总额，从2009年13272.2万元增加到2011年的15354.7万元，增加幅度为15.7%；其中，基本支出6141.88万元，增长8.1%，项目支出9218万元，增长42.0%（由41.972%约等而来）									
县级博物馆	2009年	80	1236	5954.6	74.43	3032.8	37.91	2041.8	25.52	310.4	3.88	1909.6	1.5450
	2011年预算标准			增加县级博物馆的项目经费。从2009年2041.8万元增加到2011年的3281万元，增加幅度为60.69%									
县级广播电视机构	2009年	84	13201	82306.09	979.83	40446	481.5	25068.12	298.43	16791.97	199.9	29986.32	2.2715
	2011年预算标准			增加基层广播电视机构的项目经费，尤其是广播电视“村村通”工程和中央发射台覆盖工程维护经费，从2009年的25068.12万元增加到2011年的28428.12万元，增幅为13.4%									

资料来源：2009年数据来源于《湖北省文化文物产业统计资料（2009年度）》，其中2009年县级广播电视机构数据来源于《2009湖北广播电视统计年鉴》。

第六章　湖北农村公共文化服务体系财政保障机制设计

第一节　湖北公共文化服务体系财政保障机制的基本思路

一　围绕“设施、队伍、活动”三大核心要素，确立研究财政保障机制的理论基点

公共文化服务体系建设包括了公共文化产品的生产、分配、流通体系和人才、资金、技术、网络保障体系的建立和完善，但不论公共文化服务的生产流通体系还是保障体系，其核心要素都离不开文化设施、文化队伍和文化活动这三大基本资源要素，对这三大要素的投入范围和保障标准的研究就成为研究公共文化服务体系财政保障机制的基本内容。

二　围绕“保障范围、保障标准和保障方式”这三大核心问题，确立财政保障机制的基础框架

公共文化服务体系财政保障机制研究必须从理论上明确回答“保什么、保多少以及如何保”这三个基本问题。课题组立足于这三个基本问题，强化“问题意识”。以湖北省为实证研究的对象，确立了横向与纵向相结合的技术路线，即在横向上对文化、广播电视、新闻出版、体育、文物五个行业部门进行分析；在纵向上按照文化设施、人员队伍、文体活动三个基本项，对县及县以下公共文化建设设施、人员配备、文化事业经费来源、投入结构、支出情况等展开研究，重点考察县（市、区）级图书馆、文化馆、博物馆、农村广播电视服务站、乡镇综合文化站等基层文化阵地建设和文化活动的开展现状，广播电视“村村通”工程、电影2131工程、送戏下乡、文化信息共享工程、农民健身工程等国家重点

工程经费保障情况，进而形成公共文化服务财政保障机制的基本框架（见图6－1）。

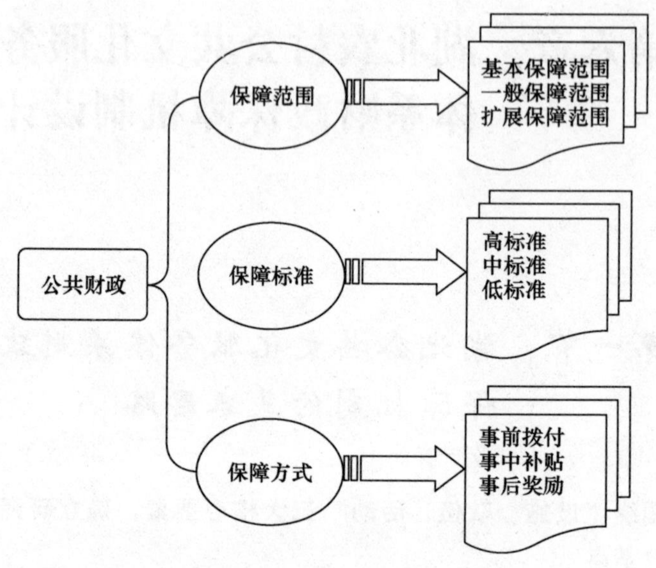

图6－1　湖北公共文化建设财政保障机制设计思路

第二节　湖北公共文化服务财政保障范围的分析

课题组在湖北域内选择76个县（市、区）文化系统的工作者和教师群体[①]发放《湖北公共文化服务体系财政保障范围调查表》，搜集这两个群体对于公共文化服务各个子项目的基本看法，调查的结果见附表一和附表二[②]。根据这两个群体的基本观点，结论如下。

一　关于基本文化设施的财政保障范围

总体上，文化工作者认为各项基础文化设施基本上都应当纳入公共财政的保障范围，尤其是县图书馆、县文化馆、县博物馆的设备购置及设施

① 这两个群体作为农村文化建设的利益相关者和利益中立者，分别代表了不同利益群体的观点。比较两个群体的意见，可以为本书研究提供有价值的参考。

② 附表一为文化工作者群体对公共文化服务财政保障范围的基本看法，附表二为教师群体对公共文化服务财政保障范围的基本看法。

维修，认为“应当纳入”财政保障范围的人数比例都高达95%以上，认为“不应纳入”的人数比例只占1.3%。教师群体与文化工作者的观点基本相似。比较两个群体关于各个文化设施项目的看法（见表6-1），可以发现这两个群体在主要方面的看法大体上保持一致。

表6-1　不同群体对文化设施是否应该纳入财政保障范围的看法　单位:%

文化设施项目	文化工作者		教师		拟剔除项
	不应纳入	排序	不应纳入	排序	
县图书馆购书报	1.30	40	17.55	21	
县图书馆设备购置，设施维修	1.32	37	11.49	40	
县文化馆设备购置	1.30	40	11.07	41	
县文化馆设施维修	1.30	40	16.39	27	
县剧场（剧院、艺术中心）设备购置	3.95	25	20.20	9	
县剧场（剧院、艺术中心）设施维修	3.95	25	21.23	4	
乡（镇）综合文化站图书，设备购置	1.32	37	15.59	31	
乡（镇）综合文化站图书，设施维修	2.67	32	17.06	22	
村文化中心（文化室）报刊、图书，设备的设置	3.90	28	16.84	24	
县及以下公共文化信息共享工程内容资源建设（数据库等）	2.60	35	13.13	37	
县及以下公共文化信息共享工程数据终端设备	2.67	32	12.32	38	
县电视台（演播厅）设备购置	7.14	19	17.87	17	
县电视台（演播厅）设施维修	11.43	10	19.66	11	√
县广播站设备购置	10.00	15	17.81	19	
县广播站设施维修	13.04	8	19.93	10	√
农村有线电视网设施维修	17.65	1	18.97	13	√
农村有线电视网困难群体入户补助	8.82	16	16.96	23	
农村无线电视网边远地区，散户无线接收设备补贴	8.57	17	18.69	14	
农村无线电视网困难群体电视机补助	11.59	9	16.67	26	
农村有线广播网设施维修	15.15	6	20.96	5	√
农村有线广播网运行经费补助	10.61	14	22.30	3	√
县电影院设备购置	14.93	7	26.55	2	√
县电影院设施维修	16.67	2	27.74	1	√
县发射台和转播台设备购置	2.90	29	15.46	32	
县发射台和转播台设施维修	2.90	29	18.18	16	
乡（镇）广播电视服务站设备补助	11.43	10	16.32	28	
乡（镇）电影院（文化中心）设备购置	11.43	10	18.40	15	√

续表

文化设施项目	文化工作者		教师		拟剔除项
	不应纳入	排序	不应纳入	排序	
乡（镇）电影院（文化中心）设施维修	15.94	4	20.69	6	√
农村电影放映队放映设备购置	11.11	13	15.46	32	
农村电影放映队放映设备维修	16.67	2	20.62	7	√
县新华书店乡镇服务点运行补贴	15.71	5	20.42	8	√
农家书屋图书报刊购置	3.95	25	17.83	18	
农家书屋设施维修补贴	4.17	24	19.15	12	
县级体育馆设备购置	1.37	36	13.38	36	
县级体育馆设施维修	2.74	31	15.85	30	
乡（镇）综合健身中心（场地、羽毛球、乒乓球、健身路径等）设备购置	5.26	23	14.59	34	
乡（镇）综合健身中心（场地、羽毛球、乒乓球、健身路径等）设施维修	6.58	22	17.63	20	
村篮球场设备购置	6.67	21	13.48	35	
村篮球场设施维修	8.22	18	16.73	25	
村健身路径设备维护	6.94	20	16.07	29	
县博物馆运行	2.67	32	8.51	43	
县级文管所（保护单位）维修	1.32	37	12.06	39	
县域文物征集	1.30	40	11.03	42	

按照“读书看报、看电视听广播、公共文化鉴赏和参与公共文化活动”等基本文化权益的界定，课题组列出所有与居民基本文化权益保障相关的公共文化设施项目。比较文化工作者群体和教师群体的看法，课题组认为，凡是两大群体中认同度不高的项目应该排除在财政保障范围之外，共计11项（见表6-2）。

表6-2 文化工作者和教师认为不应纳入财政保障范围的文化设施项目

	文化工作者排序	教师排序
县电视台（演播厅）设施维修	8	8
县广播站设施维修	1	10
农村有线电视网设施维修	11	9
农村有线广播网设施维修	6	4
农村有线广播网运行经费补助	9	3

续表

	文化工作者排序	教师排序
县电影院设备购置	7	2
县电影院设施维修	2	1
乡（镇）电影院（文化中心）设备购置	3	6
乡（镇）电影院（文化中心）设施维修	5	7
农村电影放映队放映设备维修	10	11
县新华书店乡镇服务点运行补贴	4	5

借助于理论观察的视角，大多不为两个群体所认同的文化设施项目，如电视台、电影院、新华书店、广播电视网的设施维修基本上属于经营性的文化产业部门，考虑到这类设施业已纳入国家文化产业的运作体制，如再依赖国家财政的供养将不利于我国文化体制改革的进程，因此文化工作者和教师群体反对将其纳入公共财政保障的人数比例都比较高。因此，将这类设施项目排除在公共财政的保障之外，具有合理性。

二　关于文化人才队伍的财政保障范围

统计显示，文化系统工作人员和教师群体对于文化人才队伍保障范围的看法大体一致。两个群体都认为县级文化、广电、新闻出版、体育、文博系统的正式在编人员都应当纳入财政保障的范围，文化工作者群体中超过90%、教师群体中超过60%的人认为文体广部门正式在编人员应当纳入财政保障范围（见表6－3）。

表6－3　　不同群体对人员队伍项目财政保障范围的看法对照　　单位:%

文化人才队伍项目	文化工作者		教师		拟剔除项
	不纳入	排序	不纳入	排序	
县文化系统正式在编人员	0	17	11.67	16	
县文化综合执法队伍	3.90	12	20.20	9	
群众业余文艺团队	12.16	3	29.87	1	√
村文化室文化辅导人员	9.21	6	22.97	6	√
农村文化中心户	10.39	4	24.32	4	√
民间乡土艺人（不包括政府已认定的传承人）	7.89	8	26.96	2	
政府认定的非物质文化遗产传承人	1.30	15	15.02	13	

续表

文化人才队伍项目	文化工作者		教师		拟剔除项
	不纳入	排序	不纳入	排序	
县广电系统正式在编人员	2.99	13	17.89	11	
乡镇广播电视服务站人员（非在编人员）	13.85	2	24.47	3	√
农村电影放映队人员（非在编人员）	16.90	1	24.30	5	√
县新闻出版系统正式在编人员	6.67	9	13.59	14	
农家书屋辅助人员（文化员）	4.11	10	18.66	10	
县体育系统正式在编人员	1.30	15	12.37	15	
县级业余体校人员	4.00	11	21.05	8	
农民健身指导员	9.59	5	22.70	7	√
县文博系统在编人员	2.60	14	8.57	17	
县域野外文物点看护人员（非在编人员）	9.21	6	15.52	12	

课题组按照居民的基本文化权益范围，列出了所有与基本文化权益相关的各类文化队伍，并隐含了“基层文化服务人员均可以纳入财政保障”的假设。但调查数据显示，这一假设不为两大群体支持，文化工作者群体和教师群体对将“乡镇广播电视服务站人员”、“村文化室辅导人员”、“农民健身指导员”等6类人员纳入国家财政保障范围的观点不予支持(见表6－4)。

表6－4　　不应纳入保障范围的项目

文化队伍	文化系统排序	教师排序
群众业余文艺团队	3	5
村文化室辅导人员	4	1
文化中心户	6	3
农民健身指导员	2	2
乡镇广播电视服务站人员（非在编人员）	1	4
电影放映队人员（非在编人员）	5	6

课题组理论观察认为，尽管“乡镇广播电视服务站人员”、“村文化室辅导人员”、“农民健身指导员”等6类人员对公共文化服务具有辅助作用，但不具备充分的“公共性”，与居民基本文化利益的实现没有直接的关系，

因此这两大群体反对将其纳入财政保障范围的看法应该是合理的。

同时，调查显示，两大群体除支持大文化系统的正式在编人员纳入财政保障外，还支持将民间艺人、政府认定的非物质文化遗产传承人、农家书屋辅导员和县域野外文物点看护人员（非在编人员）纳入财政保障范围，体现了这两大群体基本判断的现实客观性。2007年，湖北省从原乡镇民办教师队伍中重新招聘10000名乡镇“文化员”，财政补助3000元/年·人。尽管如此，这一与农村教师群体利益相关的政府举措并没有得到农村教师群体的支持，教师和文化工作者群体出于对民间文化和文化遗产保护的重视，支持将民间乡土艺人、野外文物点的看护人员纳入财政保障范畴。

三　关于湖北公共文化活动的财政保障范围

对于公共文化活动的财政保障范围，课题组根据与文化、广电、新闻出版、体育、文物部门业务相关且与基本文化权益相连的项目保障原则，提出了“大文化行业所有文化活动都可能纳入财政保障范围”的假设。统计结果表明，文化系统工作人员和教师群体认为，大多数文化活动都应当纳入财政保障的范畴，但也有一些活动不应当纳入（见表6－5、表6－6）。

表6－5　不同群体对农村文化活动项目财政保障范围的看法　　单位:%

文化设施项目	文化工作者		教师		拟剔除项
	不应纳入	排序	不应纳入	排序	
县及以下文化系统队伍培训	6.58	10	15.54	14	
送戏下乡舞台流动车	2.56	23	25.85	1	
农村演出场次补贴	3.85	20	20.00	5	
县级图书馆阅览人次补贴	9.21	7	21.65	3	√
县级图书馆讲座和图书馆流动车	5.19	11	13.06	19	
县级文化馆组织的阵地服务（讲座、阅览等）	1.30	24	12.89	21	
县级文化馆业务辅导和培训	3.90	17	12.20	22	
文物展览	3.90	17	17.36	11	
乡镇综合文化站组织的文化活动	5.19	11	17.07	12	
乡镇综合文化站基层业务辅导	3.90	17	15.52	14	

续表

文化设施项目	文化工作者		教师		拟剔除项
	不应纳入	排序	不应纳入	排序	
乡镇综合文化站阵地服务（宣传橱窗、展览等）	2.60	21	14.98	17	
乡土民间文化人才培训	6.41	9	15.28	16	
村文化室组织的乡土节日文化活动	10.39	4	20.07	4	√
乡土文化艺术资料记录与保存	5.13	14	16.32	13	
乡土民间文化遗产研究整理	5.19	11	15.41	15	
农村电影放映场次补贴	4.23	16	18.09	9	
县广电系统人才培训	10.77	2	13.93	18	
农民读书活动	12.33	1	22.26	2	√
系统内人才队伍培训	9.46	5	17.88	10	
农民体育健身活动	10.67	3	19.86	6	√
农村体育人才培训	9.46	5	18.93	8	√
农民体育运动会	8.11	8	19.78	7	
文物展览	2.60	21	12.90	20	
县及以下文物系统人员培训	5.13	14	11.72	23	

表 6-6　　不应纳入保障范围的文化活动

	文化系统排序	教师排序
县级图书馆阅览人次补贴	5	2
村文化室组织的乡土节日文化活动	3	3
农民读书活动	1	1
农民体育健身活动	2	4
农村体育人才培训	4	5

调查表明，关于公共文化活动的财政保障范围，在对“县级图书馆阅览人次补贴、村文化室组织的乡土节日文化活动、农民读书活动、农民体育健身活动、农村体育人才培训”这五大活动的看法上，两大群体都不支持纳入财政保障范围。同时，在其他一些公共文化活动上，教师群体和文化工作者群体的看法不尽一致，如对于送戏下乡舞台流动车，文化工作者高度赞同纳入财政保障的范围，而教师群体中则有 25.9% 的人认为不应当纳入，反对比例很高，排在第一位，这大概与教师群体对于公共文

化活动的技术细节把握不准有关。观察原始数据（见附表二），教师群体对于各项公共文化活动是否应当纳入财政保障范围的观点中，基本上都有五分之一的人表示“说不清”，这说明在技术细节方面，文化系统内部人员比农村教师具有更大的发言权。

课题组借助于理论观察，“县级图书馆阅览人次补贴、村文化室组织的乡土节日文化活动、农民读书活动、农民体育健身活动、农村体育人才培训”这五大文化活动既具有公共性，同时又具有个体差异和地域差异，组织管理上存在技术性困难，宜以社区自办为主，因此不支持纳入财政保障范围的看法具有合理性。

第三节　关于公共文化产品的分类及其保障方式的分析

公共文化产品的类型和品种相对复杂，不仅供给主体不同，而且不同项目对财政保障方式的要求各异。课题组以拟纳入公共财政保障范围的文化项目作为研究对象，运用主成分分析方法，对这些文化项目进行层次划分，即按照产品性质上的公共性程度和技术上的可实现程度将其划分为公共财政保障的基本保障层、一般保障层及扩展保障层，根据该文化项目所处的层次位置对应设置公共财政保障方式，以提高公共财政经费的使用效率。

一　研究方法和理论依据

根据调查的原始数据（见附件一、附件二），课题组按照“不纳入、完全纳入财政保障、纳入财政补贴、纳入事后奖励和说不清”五个指标变量，选取几个有代表性的综合指标，采用“主成分分析方法”进行研究。[①]

基本步骤是：假设 x 是 p 维随机向量，其期望和方差分别为 $E(x)=\mu$，$V(x)=V$，拟求 x 的线性函数 $a'x$，使得 $a'x$ 的方差尽可能地大。

① 在统计学中，主成分分析（Principal Components Analysis，PCA）是一种简化数据集的技术。它是一个线性变换，这个变换把数据变换到一个新的坐标系统中，使得任何数据投影的第一大方差在第一个坐标（称为第一主成分）上，第二大方差在第二个坐标（称为第二主成分）上，依此类推。主成分分析经常用减少数据集的维数，同时保持数据集的对方差贡献最大的特征。

因为 $V(a'xa)=a'Va$，而对任意的常数 c，$V(ca'x)=ca'Vca=c^2a'Va$，因此对 a 不加限制时，问题会变得没有意义。于是限制 $a'a=1$，求 $V(a'x)$ 的最大值。应用代数方法和谱分解方法，可以得到矩阵 V 的相应特征值，我们把大于0的特征值作为系数向量，这些特征值就分别称为 x 的第一主成分、第二主成分等。①

二 分析过程

运用SAS统计软件，采用主成分分析的方法，分别对附表一和附表二中已经剔除掉不纳入财政保障范畴的各个文化项目进行分类处理（按照文化设施、人员队伍、文化活动分类），结果如下：

A：文化工作者的主成分分析结果

①文化设施项目主成分分析函数为：

$$y_1=-0.730173^*(a-4.806344736)+0.135599^*(s-49.89964550)+0.236128^*(d-39.49703386)+0.626661^*(f-3.970702675)$$

其中，a 表示不纳入财政保障人数百分比，s 表示纳入财政保障人数百分比，d 表示纳入财政补贴人数百分比，f 表示事后奖励人数百分比。

②文化队伍项目主成分分析函数为：

$$y_2=-0.275779^*(a-4.211370829)+0.535807^*(s-57.62944807)+0.798033^*(d-31.10204227)$$

其中，a 表示不纳入财政保障人数百分比，s 表示纳入财政保障人数百分比，d 表示纳入财政补贴人数百分比，f 表示只占贡献率的0.0002，所以剔除，对结果没有影响。

③文化活动项目主成分分析函数为：

$$y_3=-0.795068^*(a-4.966961516)+0.199322^*(s-32.71409638)+0.221092^*(d-50.53316159)+0.528446^*(f-9.214945764)$$

其中，a 表示不纳入财政保障人数百分比，s 表示纳入财政保障人数百分比，d 表示纳入财政补贴人数百分比，f 表示事后奖励人数百分比。

将附表一中（已剔除的不纳入财政保障范围一部分项目）的相关数据按照划分的三个类别，分别代入以上三个公式中进行计算。根据计算出的 y 值，从高到低进行排序，数值最高的，就表示最应当纳入财政保障的范围；反之，表示纳入财政保障范围的紧迫度不高。

---

① 张尧庭、方开泰：《多元统计分析引论》，科学出版社1999年版。

B：教师群体主成分分析结果

①文化设施项目主成分分析函数为：

$$t_1 = -0.552857^*(a-15.70603995)+0.319928^*(s-36.22780213)+0.769412^*(d-25.10287939)$$

其中，a 表示不纳入财政保障人数百分比，s 表示纳入财政保障人数百分比，d 表示纳入财政补贴人数百分比，f 表示只占贡献率的 0.0075，所以剔除，对结果没有影响。

②文化队伍项目主成分分析函数为：

$$t_2 = -0.729541^*(a-4.211370829)+0.079245^*(s-57.62944807)+0.679331^*(d-31.10204227)$$

其中，a 表示不纳入财政保障人数百分比，s 表示纳入财政保障人数百分比，d 表示纳入财政补贴人数百分比，f 表示只占贡献率的 0.0030，所以剔除，对结果没有影响。

③文化活动项目主成分分析函数为：

$$t_3 = 0.818117^*(a-16.12473763)-0.193226^*(s-16.12473763)-0.541616^*(d-26.80245504)$$

其中，a 表示不纳入财政保障人数百分比，s 表示纳入财政保障人数百分比，d 表示纳入财政补贴人数百分比，f 表示只占贡献率的 0.0056，所以剔除，对结果没有影响。

前两个函数的表达意思和上面的是类似的。同样，将附表二（已剔除的不纳入财政保障范围一部分项目）的相关数据按照划分的三个类别，分别带入前两个公式中进行计算。根据计算出的 t_1、t_2 值，从高到低进行排序，数值最高的，就表示最应当纳入财政保障的范围；反之，表示纳入财政保障范围的紧迫度不高。

函数值 t_3 表达的意义和前面的两个函数刚好相反，计算出的 t_3 值越大，则越处于财政保障范围的边缘位置[①]。因此，将文化活动项目的相关数据代入函数③中，根据计算出的数据，从低到高进行排序。t_3 值越小，则越应当纳入财政保障的范畴。

三　分析结论

将搜集的数据分别代入对应的函数公式进行运算，见表 6－7：

① 函数式的取得依赖原始数据而得，也就是相关群体对某一问题的看法。

表6-7（1） 不同群体对文化设施项目主成分分析结果比照

文化设施项目	文化工作者		教师	
	函数值（y_1）	排序	函数值（t_1）	排序
县图书馆购书报	-0.35	22	-2.93	27
县图书馆设备购置，设施维修	-0.2	20	4.31	2
县文化馆设备购置	0.18	19	0.95	14
县文化馆设施维修	0.7	16	1.98	10
县剧场（剧院、艺术中心）设备购置	1.24	12	-5.17	31
县剧场（剧院、艺术中心）设施维修	1.9	7	-1.67	24
乡（镇）综合文化站图书，设备购置	1.43	11	-0.18	18
乡（镇）综合文化站图书，设施维修	0.72	15	2.42	8
村文化中心（文化室）报刊、图书、设备的设置	5.59	1	-1.37	23
县及以下公共文化信息共享工程内容资源建设（数据库等）	1.05	14	-0.06	16
县及以下公共文化信息共享工程数据终端设备	0.42	18	-0.17	17
县电视台（演播厅）设备购置	-3.27	28	-4.17	29
县广播站设备购置	-7.03	32	-4.03	28
农村有线电视网困难群体入户补助	-2.87	26	3.73	4
农村无线电视网边远地区，散户无线接收设备补贴	-3.13	27	-1.32	22
农村无线电视网困难群体电视机补助	-6.6	31	3.81	3
县发射台和转播台设备购置	1.09	13	-2.16	26
县发射台和转播台设施维修	2.25	6	-0.71	21
乡（镇）广播电视服务站设备补助	-4.79	30	-0.34	19
农村电影放映队放映设备购置	-4.21	29	-1.99	25
农家书屋图书报刊购置	1.49	10	-7.17	32
农家书屋设施维修补贴	3.18	4	-4.45	30
县级体育馆设备购置	1.77	8	0.71	15
县级体育馆设施维修	2.56	5	2.68	7
乡（镇）综合健身中心（场地、羽毛球、乒乓球、健身路径等）设备购置	-0.85	24	2.34	9
乡（镇）综合健身中心（场地、羽毛球、乒乓球、健身路径等）设施维修	-0.67	23	2.82	6
村篮球场设备购置	3.58	2	1.61	12
村篮球场设施维修	1.75	9	1.35	13
村健身路径设备维护	3.4	3	-0.58	20
县博物馆运行	-1.35	25	3.53	5
县级文管所（保护单位）维修	-0.33	21	4.51	1
县域文物征集	0.64	17	1.72	11

表6－7（2）　不同群体对人员队伍项目主成分分析结果比照

文化人员队伍	文化系统		教师	
	函数值（y_2）	排序	函数值（t_2）	排序
县文化系统正式在编人员	0.37	6	－16.15	4
县文化综合执法队伍	－0.37	8	－20.19	9
民间乡土艺人（不包括政府已认定的传承人）	－9.07	11	－27.25	11
政府认定的非物质文化遗产传承人	1.22	4	－17.02	5
县广电系统正式在编人员	1.67	3	－23.82	10
县新闻出版系统正式在编人员	－3.24	10	－17.42	6
农家书屋辅助人员（文化员）	6.75	1	－13.02	1
县体育系统正式在编人员	－0.32	7	－18.22	8
县级业余体校人员	3.44	2	－17.46	7
县文博系统在编人员	－1.38	9	－13.67	3
县域野外文物点看护人员（非在编人员）	0.43	5	－13.65	2

表6－7（3）　不同群体对文化活动项目主成分分析结果比照

文化活动项目	文化系统		教师	
	函数值（y_3）	排序	函数值（t_3）	排序
县及以下文化系统队伍培训	－1.42	15	－2.64	8
送戏下乡舞台流动车	1.38	5	10.97	19
农村演出场次补贴	0.49	7	1.75	16
县级图书馆讲座和图书馆流动车	－0.44	12	－4.37	5
县级文化馆组织的阵地服务（讲座、阅览等）	3.97	2	－4.84	4
县级文化馆业务辅导和培训	0.22	8	－5.1	2
县级文化馆业务活动（群众文艺创作、群众文化理论研究等）	2.79	3	0.23	15
乡镇综合文化站组织的文化活动	0.7	6	－0.39	14
乡镇综合文化站基层业务辅导	2.44	4	－2.47	9
乡镇综合文化站阵地服务（宣传橱窗、展览等）	4.96	1	－3.26	7
乡土民间文化人才培训	－0.29	9	－1.71	10
乡土文化艺术资料记录与保存	－1.09	14	－0.67	12
乡土民间文化遗产研究整理	－0.9	13	－0.55	13
农村电影放映场次补贴	－0.42	10	－0.94	11

续表

文化活动项目	文化系统		教师	
	函数值（y_3）	排序	函数值（t_3）	排序
县广电系统人才培训	-6	19	-4.84	3
系统内人才队伍培训	-3.89	18	2.12	18
农民体育运动会	-1.54	16	2.09	17
文物展览	-0.42	10	-3.44	6
县及以下文物系统人员培训	-1.97	17	-7.63	1

数据显示，文化系统工作者和教师群体对于公共文化服务体系各个项目的评估结论不尽相同。由于教师群体作为系统外人员，只是代表了作为中立方的社会知识群体的价值趋向，但对公共文化产品项目运转和管理方式并不如系统内的文化工作者（代表职业技术官僚阶层）熟悉和了解，因此本课题组对各个文化项目的评估主要是以文化系统工作者的意见为基准，而教师群体对文化项目的评估意见则起到辅助校正的作用。根据以上排序结果，将上述文化设施、队伍、活动三大类别的文化项目依照排名的先后顺序划分为基本保障层、一般保障层及扩展保障层三个层次①，其对应的文化项目见表6-8所示：

表6-8　公共文化项目的层次划分

	基本保障层	一般保障层	扩展保障层
文化设施项目	社区文化中心（文化室）报刊、图书、设备的设置	县及以下公共文化信息共享工程内容资源建设（数据库等）	乡（镇）综合健身中心（羽毛球、乒乓球、健身路径）设施维修
	县剧场（剧院、艺术中心）设施维修	县及以下公共文化信息共享工程（数据终端设备）	乡（镇）综合健身中心（羽毛球、乒乓球、健身路径）设备购置
	健身路径设备维护	县发射台和转播台设备购置	县博物馆运行

① 为了便于分析，将分析表中的公共文化项目按如下标准排序：前1/3项目列为基本保障层，中间1/3列为一般保障层，后1/3列为扩展保障层。在实际应用中，项目的层次归属应该依据具体环境进行适当调整。

续表

	基本保障层	一般保障层	扩展保障层
文化设施项目	农家书屋设施维修补贴	乡（镇）综合文化站图书，设备购置	农村有线电视网（困难群体入户补助）
	县级体育馆设施维修	乡（镇）综合文化站图书，设施维修	农村无线电视网（边远地区，散户无线接收设备补贴）
	县发射台和转播台设施维修	县文化馆设施维修	县电视台（演播厅）设备购置
	村篮球场设备购置	县域文物征集	农村电影放映队放映设备购置
	县级体育馆设备购置	县剧场（剧院、艺术中心）设备购置	乡（镇）广播电视服务站设备补助
	村篮球场设施维修	县文化馆设备购置	农村无线电视网（困难群体电视机补助）
	农家书屋图书报刊购置	县图书馆设备购置，设施维修	县广播站设备购置
	—	县级文管所（保护单位）维修	—
	—	县图书馆购书报	—
人员队伍项目	农家书屋辅助人员（文化员）	县文化系统正式在编人员	民间乡土艺人（不包括政府已认定的传承人）
	县域野外文物点看护人员（非在编人员）	县文化综合执法队伍	县新闻出版系统正式在编人员
	县级业余体校人员	县体育系统正式在编人员	县广电系统正式在编人员
	政府认定的非物质文化遗产传承人	县文博系统在编人员	
文化活动项目	乡镇综合文化站阵地服务（宣传橱窗、展览等）	农村演出场次补贴	乡土民间文化遗产研究整理
	县级文化馆组织的阵地服务（讲座、阅览等）	县级文化馆业务辅导和培训	乡土文化艺术资料记录与保存
	县级文化馆业务活动（群众文艺创作、群众文化理论研究等）	乡土民间文化人才培训	农民体育运动会

续表

	基本保障层	一般保障层	扩展保障层
文化活动项目	乡镇综合文化站基层业务辅导	文物展览	县及以下文物系统人员培训
	送戏下乡舞台流动车	农村电影放映场次补贴	系统内人才队伍培训
	乡镇综合文化站组织的文化活动	县级图书馆讲座和图书馆流动车	县广电系统人才培训 县及以下文化系统队伍培训

调查数据显示，基层文化工作者与教师群体对于公共文化产品的性质和保障要求与传统的看法大体上相吻合，但在个别项目上看法不尽一致，如“县电视台（演播厅）设备购置、县博物馆运行、县广电系统正式在编人员、县新闻出版系统正式在编人员”这几个一直得到政府部门认同的传统项目却没有获得文化工作者和教师群体的高度认同，县广播电视和新闻出版系统的工作人员的保障也被排在靠后的位置，可能是文化工作者和教师出于对广播电视和出版行业的产业属性的认知。而社区文化中心（文化室）报刊、图书、设备的设置，村健身路径设备维护，村篮球场设备购置，县级业余体校人员，县域野外文物点看护人员（非在编人员），农家书屋辅助人员（文化员）保障经费这些没有得到政府重视的项目在调研中却得到文化工作人员和教师群体的高度认同。

公共文化服务产品的层次划分体现了对财政保障的秩序要求，但这种秩序上的要求与财政保障方式之间仍然存在一定的区别。在公共产品的保障方式上，课题组设计了“财政保障”、“财政补贴”和“事后奖励”三种保障方式。本次调查表明，文化系统工作者大多支持财政保障和补贴的方式，支持采取事后奖励方式的人所占比例很小，可以忽略，因此课题组主要对“财政保障”和“财政补贴”两种保障方式进行分类。根据对文化工作者的调查，不同的公共文化项目，对应的保障方式不同（见表6-9）。

表6-9　文化工作者对财政保障方式的看法

拟采取财政保障方式的项目	拟采取财政补贴方式的项目
县图书馆购书报	县剧场（剧院、艺术中心）设施维修
县图书馆设备购置，设施维修	村文化中心（文化室）报刊、图书、设备的购置

续表

拟采取财政保障方式的项目	拟采取财政补贴方式的项目
县文化馆设备购置	农村有线电视网困难群体入户补助
县文化馆设施维修	农村无线电视网困难群体电视机补助
县剧场（剧院、艺术中心）设备购置	县发射台和转播台设施维修
乡（镇）综合文化站图书，设备购置	乡（镇）广播电视服务站设备补助
乡（镇）综合文化站图书，设施维修	农家书屋设施维修补贴
县及以下公共文化信息共享工程内容资源建设（数据库等）	县级体育馆设施维修
县及以下公共文化信息共享工程数据终端设备	乡（镇）综合健身中心（羽毛球、乒乓球、健身路径等）设施维修
县电视台（演播厅）设备购置	村篮球场设施维修
县广播站设备购置	村健身路径设备维护
农村无线电视网边远地区，散户无线接收设备补贴	民间乡土艺人（不包括政府已认定的非物质文化遗产传承人）
县发射台和转播台设备购置	政府认定的非物质文化遗产传承人
农村电影放映队放映设备购置	农家书屋辅助人员（文化员）
农家书屋图书报刊购置	县域野外文物点看护人员（非在编人员）
县级体育馆设备购置	县及以下文化系统队伍培训
乡（镇）综合健身中心（羽毛球、乒乓球、健身路径等）设备购置	农村演出场次补贴
村篮球场设备购置	县级图书馆讲座和图书馆流动车
县博物馆运行	县级文化馆组织的阵地服务（讲座、阅览等）
县级文管所（保护单位）维修	县级文化馆业务辅导和培训
县域文物征集	文物展览
县文化系统正式在编人员	乡镇综合文化站组织的文化活动
县文化综合执法队伍	乡镇综合文化站基层业务辅导
县广电系统正式在编人员	乡镇综合文化站阵地服务（宣传橱窗、展览等）
县新闻出版系统正式在编人员	乡土民间文化人才培训
县体育系统正式在编人员	乡土文化艺术资料记录与保存
县级业余体校人员	农村电影放映场次补贴
县文博系统正式在编人员	县广电系统人才培训
送戏下乡舞台流动车	系统内人才队伍培训
乡土民间文化遗产研究整理	农民体育运动会
文物展览	
县及以下文物系统人员培训	

第四节　湖北公共文化服务体系财政保障标准的测算

一　测算依据

为了解湖北省公共文化服务体系发展情况，在湖北省财政厅的协助下，课题组向湖北省 76 个县（市、区）发放了《公共文化服务体系建设分项目情况调查表》，由各个县市的财政、文化、广电、文物、体育和新闻出版部门负责填写。课题组一方面要求 76 个县市如实填报对文化项目的公共投入数额，另一方面要求各地依据实际情况对公共文化产品需要的经费额度进行估算，并提供高、中、低的支出标准。①

二　测算方法

依据 76 个县（市、区）对该公共文化项目的最低、中等和较高的支出标准，分别剔除掉各个项目三个标准中的最大值和最小值②，再将有效数值进行相加，求出其算术平均值，拟作为该项公共文化项目的财政支出标准（见表 6－10）。

表 6－10（1）　基础文化设施财政保障标准测算结果

	基础文化设施保障项目	最低支出标准平均值（万元）	中等支出标准平均值（万元）	较高支出标准平均值（万元）
基本保障层	社区文化中心（文化室）报刊、图书、设备的设置	90	136	204
	县剧场（剧院、艺术中心）设施维修	30	44	64
	健身路径设备维护	38	49	61
	农家书屋设施维修补贴	50	73	98
	县级体育馆设施维修	32	46	58

① 课题组在《公共文化服务体系建设分项目情况调查表》中设计了"高、中、低"三种标准，一方面出于掌握各地不同的需求水平的考虑，另一方面是为了在问卷内部设置内在的制约机制，从低标准到高标准之间构成"梯度约束"，避免地方因揣摩上级意图而夸大虚报。

② 由于相关数据差距过大，考虑到调查可能存在的人为因素，且剔除数据后对均值计算不构成影响，为了使数据更有说服力，故作此处理。

续表

	基础文化设施保障项目	最低支出标准平均值（万元）	中等支出标准平均值（万元）	较高支出标准平均值（万元）
基本保障层	县发射台和转播台设施维修	21	31	46
	村篮球场设备购置	90	105	139
	县级体育馆设备购置	24	38	54
	村篮球场设施维修	29	34	50
	农家书屋图书报刊购置	98	128	173
	合计	502	684	947
一般保障层	县及以下公共文化信息共享工程内容资源建设（数据库等）	44	59	86
	县及以下公共文化信息共享工程（数据终端设备）	45	75	106
	县发射台和转播台设备购置	59	88	130
	乡（镇）综合文化站图书，设备购置	29	48	73
	乡（镇）综合文化站图书，设施维修	51	80	111
	县文化馆设施维修	22	35	55
	县域文物征集	22	35	56
	县剧场（剧院、艺术中心）设备购置	24	36	58
	县文化馆设备购置	17	29	44
	县图书馆设备购置，设施维修	19	29	41
	县级文管所（保护单位）维修	40	64	91
	县图书馆购书报	13	21	32
	合计	385	599	883
扩展保障层	乡（镇）综合健身中心（羽毛球、乒乓球、健身路径）设施维修	19	28	40
	乡（镇）综合健身中心（羽毛球、乒乓球、健身路径）设备购置	40	57	77
	县博物馆运行	43	55	74
	农村有线电视网（困难群体入户补助）	50	74	110
	农村无线电视网（边远地区，散户无线接收设备补贴）	81	127	191
	县电视台（演播厅）设备购置	79	121	186

续表

	基础文化设施保障项目	最低支出标准平均值（万元）	中等支出标准平均值（万元）	较高支出标准平均值（万元）
扩展保障层	农村电影放映队放映设备购置	37	43	73
	乡（镇）广播电视服务站设备补助	65	99	142
	农村无线电视网（困难群体电视机补助）	68	103	149
	县广播站设备购置	40	59	87
	合计	522	766	1129

表 6－10（2）　基层文化人才财政保障标准测算结果

	文化人才队伍保障项目	最低支出标准平均值（万元）	中等支出标准平均值（万元）	较高支出标准平均值（万元）
基本保障层	农家书屋辅助人员（文化员）	60	90	127
	县域野外文物点看护人员（非在编人员）	14	19	27
	县级业余体校人员	16	22	30
	政府认定的非物质文化遗产传承人	22	34	41
	合计	112	165	225
一般保障层	县文化系统正式在编人员	311	368	454
	县文化综合执法队伍	32	41	54
	县体育系统正式在编人员	35	45	55
	县文博系统在编人员	32	42	54
	合计	410	496	617
扩展保障层	民间乡土艺人（不包括政府已认定的）传承人	33	52	75
	县新闻出版系统正式在编人员	33	47	58
	县广电系统正式在编人员	280	350	444
	合计	346	449	577

表 6－10（3） 公共文化活动财政保障标准测算结果

	公共文化活动保障项目	最低支出标准平均值（万元）	中等支出标准平均值（万元）	较高支出标准平均值（万元）
基本保障层	乡镇综合文化站阵地服务（宣传橱窗、展览等）	9	15	23
	县级文化馆组织的阵地服务（讲座、阅览等）	7	12	18
	县级文化馆业务活动（群众文艺创作、群众文化理论研究等）	14	21	29
	乡镇综合文化站基层业务辅导	10	19	28
	送戏下乡舞台流动车	8	12	17
	乡镇综合文化站组织的文化活动	22	37	58
	合计	70	116	173
一般保障层	农村演出场次补贴	21	33	45
	县级文化馆业务辅导和培训	8	14	20
	乡土民间文化人才培训	9	17	25
	文物展览	26	40	58
	农村电影放映场次补贴	64	85	104
	县级图书馆讲座和图书馆流动车	9	14	21
	合计	137	203	273
扩展保障层	乡土民间文化遗产研究整理	14	25	36
	乡土文化艺术资料记录与保存	11	19	27
	农民体育运动会	22	35	53
	县及以下文物系统人员培训	6	9	15
	系统内人才队伍培训	13	20	28
	县广电系统人才培训	15	25	35
	县及以下文化系统队伍培训	10	18	26
	合计	91	151	220

三 测算结果

根据各个县（市、区）对公共文化服务体系建设财政投入的看法，测得平均每个县（市、区）对基础文化设施的总投入最低财政保障数额为 1409 万元、中等保障数额为 2049 万元、较高的保障数额为 2959 万元；

对文化人才队伍的总投入最低财政保障数额为868万元、中等保障数额为1110万元、较高的保障数额为1419万元；对文化活动的总投入最低财政保障数额为298万元、中等保障数额为470万元、较高的保障数额为666万元。这意味着，一个标准县（市、区）[①] 对公共文化服务体系建设的总支出数额最低应当为2575万元、中等支出数额为3629万元、较高支出数额为5044万元[②]（见表6－11）。

表6－11　一个标准县公共文化建设经费测算　单位：万元

	低标准	中标准	高标准
文化基础设施	1409	2049	2959
文化人才队伍	868	1110	1419
文化活动	298	470	666
合计	2575	3629	5044

在目前发展阶段，在财政投入相对稳定的情况下，位于“基本保障层”和“一般保障层”内的公共文化项目应当优先，因此，分层测算似乎也有必要。根据调查数据，测算结果如下（见表6－12）。

表6－12　一个标准县三个保障层次文化项目财政支出的测算

单位：万元

	最低支出	中等支出	较高支出
基本保障层文化项目	684	965	1345
一般保障层文化项目	932	1298	1773
扩展保障层文化项目	959	1366	1926
合计	2575	3629	5044

2008年湖北省76个县（市、区）文化体育与传媒的总支出（包括上级专项补助）为75725万元，平均每个县（市、区）支出996.38万元。大多数的县（市、区）对文体传媒的支出都在1000万元左右，与课题组

① 被调查76个县（市、区）总人口5008万人，县均65.9万人。本课题组以65.9万人的县作为标准县，据此，若某县人口为p万人，则该县为p/65.9个标准县单位。

② 从表中还可以看出，无论哪个标准，文化设施建设经费均占整个建设经费的一半以上，显示文化设施欠账较多，亟须改善。同时，由于固定设施都有一个折旧期，因此，文化设施的投入不是逐年连续的，而是指折旧期内的投入标准。

测算的最低标准（文化人才队伍与文化活动的总支出为1166万元）大体相当。[①] 数据显示，湖北公共文化建设在文化设施基本具备的前提下，仍有较大需求空间。在76个县（市、区）对文化体育与传媒的支出中，支出总额最高的为天门市，共2455万元；支出总额最低的为江陵县，共277万元，均未达到较低标准财政需求。[②]

第五节　乡间艺人机会损失形成与补偿分析[③]

乡间艺人指居住在我国广大农村的，具有某种特定文艺技能的职业或半职业艺人，他们个人或集体创作带有浓厚乡土气息的文艺作品，通过在村头地间的表演展示，使农村居民获得精神享受，为农村公共文化建设作出了贡献。然而，由于长期以来大多数乡间艺人被排除在既有文化体制之外，与公共文化政策特别是公共财政支持绝缘，抑制了乡间艺人在农村公共文化服务体系建设中作用的发挥。笔者通过对乡间艺人发放调查问卷，了解目前农村乡间艺人的生活状况、文艺活动开展状况，收集乡间艺人的真实意愿和想法，以期找出乡间艺人同政府提供公共文化服务之间的关系，建立公共财政对民间艺人支撑条件的渠道和机制，发展壮大农村公共文化服务建设事业，实现广大农民群众基本的文化权利。

一　调查样本描述

调查选取湖北省黄梅县、赤壁市、团风县、应城市、荆门市东宝区以及长阳土家族自治县的55位乡间艺人[④]，其中男性34人，女性21人。年龄在19—35岁的4人，占7.3%；36—45岁的15人，占27.2%；46—65岁的31人，占56.4%；66岁以上的5人，占9.1%，见图6－2。可以看出，从事乡间文艺活动的主要是中老年人，这反映了我国民间文艺的基本状况。

① 指文化设施在折旧期内的情况，即当年没有文化设施的投入。

② 2008年天门市人口为172万人，故可折算为172/65.9＝2.61个标准县，2455/2.61＝940.6万元，即使文化设施在折旧期内，也低于测算的低标准。

③ 本节内容可参考陈波《乡间艺人机会损失的形成与补偿研究——基于农村公共文化服务体系建设的视角》，《武汉大学学报》（人文科学版）2010年第3期，第347—355页。

④ 调查不包括国家级和省级非物质文化遗产传承人。

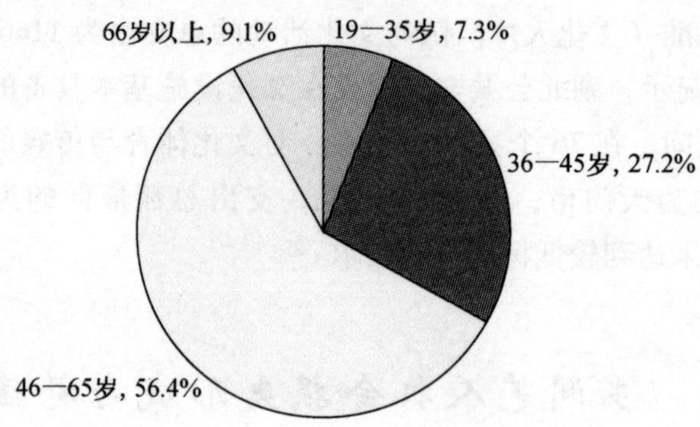

图 6 – 2　乡间艺人的年龄结构

受调查的乡间艺人文化程度分布情况为：小学文化程度的 6 人，占调查人数的 12.2%；初中文化程度的 23 人，占 46.9%；高中（中专）文化程度的 19 人，占 38.8%；大专文化程度的 1 人，占 2.0%，87.8% 的乡间艺人具有中学文化程度，显示乡间艺人在广大农民群众中学历普遍较高，见表 6 – 13。

表 6 – 13　　乡间艺人文化程度分布

	人数	百分比（%）	有效百分比（%）	累计百分比（%）
小学	6	12.2	12.2	12.2
初中	23	46.9	46.9	59.2
高中（中专）	19	38.8	38.8	98.0
大专	1	2.0	2.0	100.0
合计	49	100.0	100.0	

注：有 49 人对文化程度的提问做出了有效回答。

从乡间艺人所从事的技艺上看，有 32 位艺人主要从事的是歌舞类的文艺活动，占 58.18%，居于第一位。8 位乡间艺人从事的是曲艺类的文艺活动，7 位艺人从事戏曲类文艺活动，从事绘画、雕塑或版画、手工业制作的艺人分别为 2 人、3 人和 3 人，这一调查结果基本反映了我国乡间艺人的从艺结构。

同时，课题组对艺人从艺地点进行了调查（多项选择），显示乡间艺人的演出地点主要集中在本村和本乡镇（见图6－3），回答在本（自然村）行政村内演出的40人，占72.7%；主要在本乡镇内演出的30人，占54.5%；主要在相邻乡镇演出的23人，占41.8%；主要在本县演出的21人，占38.2%；在邻县和外省演出的分别为13人和4人。随着地域距离的逐渐拉远，演出的艺人（团队）逐渐减少，说明在乡间艺人队伍中，有深远影响力的团队和运行能力比较完善的团队并不多。

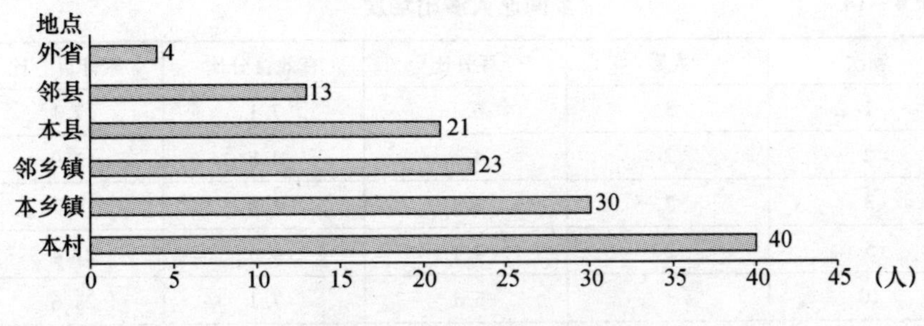

图6－3　乡间艺人演出地点

二　乡间艺人在农村公共文化服务体系建设中的作用

乡间艺人通过组建特色文艺团队，扎根农村，亦农亦艺，活跃乡里，深受农村居民的喜爱，为农村公共文化服务体系建设做出了贡献。

1. 巩固农村文化阵地

近年来，由于一些地方偏重于农村经济发展，相对忽视了农村文化阵地建设，导致农村文化站（室）建设停滞不前，甚至出现无设施、无经费、无活动、无人员的“四无”状态，农村文化站（室）承载的宣传、组织、引导、服务农村文化的职能弱化，使不少农民群众将过多的精力消耗在牌桌上、网吧里，也使诸如“六合彩”赌博等一些不良思想文化有机可乘，个别群众甚至走上了违法犯罪之路。农村文化的客观现实对农村文化阵地建设提出了要求。要让广大农民普遍接受旗帜鲜明、内容健康的文化活动，必须用农民喜闻乐见的方式表现生活，必须把农民群众作为服务对象，只有这样才能充分满足他们的精神文化需求，才能丰富他们的业余文化生活，从而巩固社会主义先进文化的思想阵地。

乡间艺人在农村长期形成的文化习俗中发挥着不可替代的作用。调查显示，68%的农村家庭操办红白喜事时会请乐队，或请民间艺人进行大家喜闻乐见的才艺表演。86%的受访者表示曾经“看过”乡间艺人的表演，

79%的受访者表示乡间艺人的表演“最受欢迎”，这比“2131”工程分别高出26%和31%。根据课题组对2008年乡间艺人的演出场次的调查，共有42位艺人做出有效回答（见表6－14）。其中演出场次最多的一年达到800场，50%的艺人年演出场次在20场以上，年演出100场以上的达到14.3%，而平均每位艺人一年的演出场次为157场，以场均30人计算，每位乡间艺人每年演出可吸引观众近5000人次。

表6－14　　乡间艺人演出场次

场次	人数	百分比	有效百分比	累计百分比
1	3	6.1	7.1	7.1
2	2	4.1	4.8	11.9
3	2	4.1	4.8	16.7
5	2	4.1	4.8	21.4
10	3	6.1	7.1	28.6
20	8	16.3	19.0	47.6
22	1	2.0	2.4	50.0
30	4	8.2	9.5	59.5
34	1	2.0	2.4	61.9
49	1	2.0	2.4	64.3
50	4	8.2	9.5	73.8
60	2	4.1	4.8	78.6
70	1	2.0	2.4	81.0
100	2	4.1	4.8	85.7
120	1	2.0	2.4	88.1
150	1	2.0	2.4	90.5
200	1	2.0	2.4	92.9
300	1	2.0	2.4	95.2
800	2	4.1	4.8	100.0
合计	42	85.7	100.0	
未回答	7	14.3		
总计	49	100.0		

银幕一挂，锣鼓一敲，唢呐一吹，男女老幼聚集，观赏中接受文化传

播。当前，以血缘宗亲为纽带的“家族会”聚会形式正在农村中悄然兴起，通过乡间艺人的演出，传承和弘扬明理诚信等文化内涵；通过把爱国守法、爱岗敬业、尊老爱幼、勤奋学习作为教育成员的基本内容，对乡亲邻里产生了重要积极影响，有力地强化了农村文化阵地建设。

2. 丰富农民文化生活，宣扬国家政策与社会新风尚

当前，农民的精神生活相对贫乏，他们渴求科学健康、积极向上的业余文化生活。乡间艺人大都植根农村、来自农民，他们的思想、感情、生活方式与农民是一体的，他们的演出贴近基层、贴近生活、贴近群众，使农民觉得亲切自然，能深刻地影响农民的内心世界。因此，不仅能丰富农民群众的业余文化生活，还能使人民群众在观看演出中慢慢养成文明的习惯，提高文明素养。

对艺人演出内容的调查，共有 46 位民间艺人做出有效回答。其中演出内容是以传统民间故事为蓝本的有 21 人，占 45.7%；演出内容为宣传农村新人新事的 10 人，占 21.7%；宣传政府方针政策的 13 人，占 28.2%；进行法制、法规宣传的 9 人，占 19.6%。民间艺人演出的内容和演出题材多是由一代代人改编、润色、加工而成，传统民间故事蕴藏的简单而深刻的哲理最易让人接受，因此占到演出内容的绝大部分。同时，艺人们运用文艺表现形式宣传国家政策法规、新人新事，给农民群众带来新政策、新思想。从这一点上看，作为公共文化体制之外的乡间艺人实际上承担了公共文化服务的重要职能。

3. 传承非物质文化遗产

非物质文化遗产，是民族精神文化的重要标志，内含着民族特有的思维方式、想象力和文化意识，承载着一个民族或群体的文化生命密码。保护和传承好非物质文化遗产，是全面深入落实科学发展观，实现经济社会的全面、协调、可持续发展，繁荣社会主义先进文化，切实构建和谐社会的重要体现。

调查显示，乡间艺人为我国非物质文化遗产传承作出了贡献。调查艺人们的从艺原因（多项选择），大多数人表示是出于兴趣爱好，其次是害怕技艺失传，子承父业或是为了养家糊口的人都只占少数。49 位艺人中有 41 人都表示从艺是因为兴趣爱好，15 位是怕技艺失传。当被问及你传授的徒弟有几人时，共有 42 位艺人做出有效回答（见表 6－15），52.4% 的被调查者授艺的人数达到 20 人，授艺人数 100 人以上的达到 14.2%，

徒弟在5人以下的艺人有11个；5—10个徒弟的艺人有7人；有11—20个徒弟的艺人有7个；有21—50个徒弟的艺人有9个；徒弟在50人以上的艺人有8个。绝大多数艺人都表示，对所收的徒弟是不收学费的，并且尽量会鼓励、培养年轻人学习传统技艺，艺人们对于技艺的传承与保护的急迫心情溢于言表。

表6-15　乡间艺人授艺状况

授艺人数	人数	百分比	有效百分比	累计百分比
0	5	10.2	11.9	11.9
1	1	2.0	2.4	14.3
2	3	6.1	7.1	21.4
3	1	2.0	2.4	23.8
4	1	2.0	2.4	26.2
5	2	4.1	4.8	31.0
6	2	4.1	4.8	35.7
8	1	2.0	2.4	38.1
10	2	4.1	4.8	42.9
15	2	4.1	4.8	47.6
20	5	10.2	11.9	59.5
25	1	2.0	2.4	61.9
30	2	4.1	4.8	66.7
40	1	2.0	2.4	69.0
50	5	10.2	11.9	81.0
60	1	2.0	2.4	83.3
90	1	2.0	2.4	85.7
150	1	2.0	2.4	88.1
200	2	4.1	4.8	92.9
300	2	4.1	4.8	97.6
2000	1	2.0	2.4	100.0
合计	42	85.7	100.0	
未回答	7	14.3		
总计	49	100.0		

非物质文化遗产是靠传承而延续的，乡间艺人以超出常人的才智储存、掌握、承载着非物质文化遗产相关类别的文化传统知识和精湛技艺，对非物质文化遗产的传承发挥着十分重要的作用。他们既是非物质文化遗产得以代代相传的“活宝库”，又是非物质文化遗产“接力赛”中处在当代起跑点上的“执棒者”。

三　乡间艺人生存发展现状与其在农村公共文化建设中的贡献不对称

长期以来，乡间艺人在农村公共文化建设中的作用并未引起足够重视，大多数乡间艺人为基本生存而劳作，限制了其创作和演出的欲望，农村公共文化建设既有资源也因此被沉淀和弱化。

1. 乡间艺人被排除在公共文化政策之外的现实抑制了其发展机会

构建农村公共文化服务体系，提供公共文化基本服务，是当前社会主义和谐文化建设的重要任务，是现代国家政府文化服务的责任担当。现在，国家政府有关构建公共文化服务体系的目标指向和任务要求已经十分明确，全国各地有关构建公共文化服务体系的实际举措和具体行动正在不断推出。但对乡间艺人在农村公共文化服务建设中的作用认识不够，乡间艺人长期被排除在政府主导的农村文化事业之中，难以享受公共文化政策特别是公共财政政策的支持，表现为“边缘文化群体”。

赤壁市官塘驿镇民间艺人罗通华，现年 70 岁，1984—1997 年在镇文化站工作，现靠低保维持生活。他酷爱文学艺术，特别喜欢民间文化，先后搜集整理出版《民间故事》、《蒲圻古风情》、《花甲艺痕》三本书。每年有上百幅作品参加各项公益活动，其中美术作品《气节》入选北京奥运会倒计时一周年“2008 和谐中华迎奥运”暨全国美术书法摄影展开幕式。几年来，先后在各级报纸、杂志上发表作品 150 余幅（篇），其中有 20 余幅作品获国家级金、银、铜奖，两次赴京领奖，受邀为孙毅将军、高占祥部长作画。先后组织、策划成立了官塘驿镇“随阳乡土剧团”、官塘驿镇“姑奶奶演出队”，创作了一批具有地方特色的文艺作品到各村义务公演。自发参与，自已筹资，自编自保是他们的活动宗旨。5 年来，从事各类演出达 300 多场，观众人数达 4 万余人，村民反映强烈，如双丘村十二组村民陈春香说：“你们的演出乡音乡调，演的是身边的人，唱的是眼前的事，我们看得见，摸得着，信得过，我们蛮喜欢”，并当场掏出 500 元红包（自费）给演出队。在方秀村、张司边村、西湾村的演出结束后，老百姓送了一程又一程，并叮嘱“下次新排的节目一定要通知我们，让我们好派车接你们去演出”，百姓的心声是：“他们的戏里是我们身边的事，看一场演出花费不到五毛钱，值得（交通费、生活费）。”

调查显示，89.8%的民间艺人是兼业的，他们的身份仍然是农民。他们大多“农忙时做活，闲时耍耍玩意儿”。目前，湖北省有超过30%的乡镇没有由乡间艺人参加的文艺组织或协会，尽管有78.6%的乡镇文化站为当地民间艺人进行登记造册，部分乡镇还为民间艺人颁发艺人等级证书，但只有不到8%的乡镇为当地艺人提供少量的生活补助，大多数艺人生活困难。尽管如此，76.9%的艺人表示演出不会收取门票。一般邀请的一方都是邻里乡亲，只是适当给以一定的物资以示酬劳，如果将这些所谓收入算在内，民间艺人们全年的演出收入在1000—2000元，这与乡间艺人们期望的收入相差甚远，见表6－16。

表6－16　　乡间艺人期望年收入水平　　单位：元，人，%

期望收入	人数	百分比	有效百分比	累计百分比
100.00	1	2.0	4.2	4.2
500.00	1	2.0	4.2	8.3
1000.00	1	2.0	4.2	12.5
2000.00	1	2.0	4.2	16.7
3000.00	3	6.1	12.5	29.2
5000.00	2	4.1	8.3	37.5
6000.00	1	2.0	4.2	41.7
8000.00	1	2.0	4.2	45.8
10000.00	4	8.2	13.3	62.5
12000.00	3	6.1	16.7	75.0
15000.00	1	2.0	4.2	79.2
20000.00	3	6.1	12.5	91.7
40000.00	1	2.0	4.2	95.8
100000.00	1	2.0	4.2	100.0
合计	24	49.0	100.0	
未回答	25	51.0		
总计	49	100.0		

从表6－16中可以看出，45.8%的艺人期望演出收入在1万元以下，

将24人的有效回答进行加权平均，得出平均每人希望一年的演出收入为10340[①]元，高出这些艺人家庭每年务农收入77.48%[②]，显示出艺人们想通过从艺获得收入以提高其家庭基本生活的强烈愿望，这也预示着适度的补贴能够激励艺人们努力创作生产更加优秀的文艺作品，服务于农村公共文化事业建设。

2. 农村初级市场的现状限制了乡间艺人发展空间

市场理论认为，一个完备的竞争市场应该是买方和卖方信息完全对称的市场，市场上有众多的买者和卖者，买者和卖者通过双方可以接受的价格进行产品的交换，既不存在无人提供一定价格的产品，也不存在一定价格的产品无人购买，这样一个市场就能持续健康发展。然而，由于我国农村消费市场特别是农村文化消费市场尚处于初级阶段，消费群体尚不成熟，作为生产者的乡间艺人在交易中处于弱势地位，存在机会损失。

从农村居民收入状况上看，虽然改革以来我国农村居民收入水平有了较大幅度的提高，但农民收入总体上仍处于较低水平，农村居民消费能力普遍不高。如此，乡间艺人若想通过农村演艺市场取得一定收益，他们一方面要创作群众喜闻乐见的优秀节目，另一方面还需要尽量压低成本。在这样的情况下，留给艺人们的创作空间非常狭小，创新作品的缺乏反过来又影响着艺人的收益。换句话说，他们为农村公共文化服务体系建设作出了贡献，牺牲了个人利益，与此同时，也承担了相关市场约束所带来的机会损失。因此，从这个意义上说，这实际上反映的是代表国家整体利益的政府与艺人的交易关系，政府理应给予艺人补偿，且补偿额可以弥补其损失。

从演出时点上看，由于受到农业生产的季节性影响，艺人们的表演时间一般选择在农闲期间，以迎合消费者的消费习惯，这大大限制了其通过演出获得收益的愿望。进一步，这种特殊性限制了艺人提高创作技能和增加收入的机会，形成机会损失。显然，这种矛盾并不是由于乡间艺人们本身的懒惰造成的，而是源于农业生产特定的周期性。换言之，乡间艺人们选择农村演艺市场的同时就必须面对既有的市场缺陷。公共管理理论认

① 考虑到被调查者可能随意性的心理，为减少可能的误差，在加权时去掉最大值和最小值。同时，该收入实际上是艺人期望的全年收入，本书将此收入视为其家庭期望收入。

② 调查显示，这些艺人平均每年家庭务农收入为5826元。

为，政府对治理市场缺陷负有不可推卸的责任，面对市场缺陷可能给社会带来的公共福利损失，政府需要运用包括财政政策在内的必要的措施来弥补缺陷，以利于市场协调发展，增进社会福利。从这一点上看，乡间艺人在农村演艺市场中的机会损失理应得到有效补偿，且补偿额能够平衡市场损失。

四　乡间艺人机会损失补偿设计

1. 机会损失核算

（1）体制机会损失

在我国，乡间艺人并非处于公共文化政策体制之中，他们之所以从事文艺创作和演出以补贴生活所需，一是由于智力、体力等自身资源条件所限，被迫学艺；二是在二元体制条件下，绝大多数艺人“子承父业”，没有其他就业机会选择。因此，从这个意义上说，艺人们有强烈的其他就业需求，直接表现就是艺人们往往将其收入（包括表演收入和其他收入）与可能的非表演收入比较，并且以此差额作为是否增加（或减少）艺术创作的依据。如图 6－4 所示，假设艺人的职业选择函数为 $F=f(i, p, \cdots)$，其中 i 为智力、p 为体力。在艺人由于其智力及体力等自身原因选择（实际上是继承）收入相对较低职业——“乡间卖艺” A 时，其收入为 OA，由于文艺表演在时间上要受到农忙及其他时节的影响和制约，在漫长的生产过程中，艺人只有等待，表现为不完全生产。等待并不能创造价值，更为重要的是在这一过程中艺人失去了分享社会经济技术进步给他们带来的好处，即可以有选择更高收入职业的机会，成为 $S(w)=\{B, C, \cdots\}$，假设某艺人选择职业 B，则相对应的收入为 OB，此时其收入的机会损失为 $I_o=OB-OA=AB$。

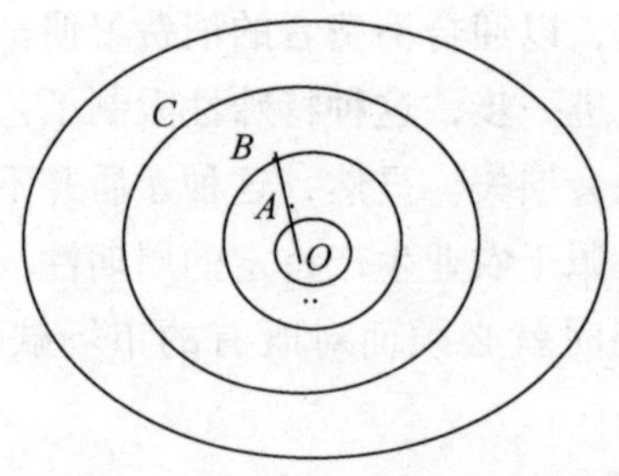

图 6－4　乡间艺人的就业机会选择

当然，理性的艺人会考虑自己职业转移的成本 T_c（transfer cost），如辞演。在情感上的失落 t_1、新职业就业费用 t_2 等，即 $T_c = T(t_1, t_2, \cdots)$。因此，尽管存在机会损失，艺人仍然存在着文艺创作的可能，其决策依赖于：

一是若 $T_c \geqslant I_o$，说明职业转移成本不小于收入机会损失，艺人继续创作。这就解释了为什么有些地区艺人虽然生活艰难但仍然从事文艺创作的内在动因。

二是若 $T_c < I_o$，说明收入机会损失大于职业转移成本，则理性艺人会放弃乡间艺术表演。因为，毕竟他们没有与生俱来“乡间卖艺”的义务。这也解释了部分农村地区为什么会出现“文化荒漠”现象。

随着社会经济水平的不断进步，乡间艺人的机会损失呈上升趋势，艺人弃艺愿望日渐强烈。农村公共文化服务体系建设是政府的责任。因此，政府应对乡间艺人给予补偿，这个补偿额为：$I_{c0} = T_c - I_o$。

（2）市场机会损失

像其他产业一样，农村演艺产业有权要求劳动者得到基本生存费用，而与其他产业不同的是，农村消费市场尚未成熟，农村居民消费能力普遍不高。

对乡间艺人而言，一方面，其期望收入：$I_e = s + e$，这里 I_e 表示艺人的期望收入，s 表示兼业收入，e 表示艺人期望的演出收入。显然，艺人在 e 确定时要考虑他们的参照收入。另一方面艺人的实际收入为：$I_f = s + pq$，p、q 分别表示艺人实际创作产品的价格和数量。实际的情况是，部分艺人的期望收入与实际收入存在着明显的差别，实际演出收入难以补偿其损失。因此，他们往往抱怨演出收入太低，有强烈的弃艺愿望。从这个意义上看，政府给予艺人的补偿额为：$I_{c1} = I_e - I_f$。

2. 实证分析

我们对湖北省 52 位乡间艺人的收入构成情况进行分析，艺人所在家庭的人口及劳动力就业情况见表 6 - 17。可以看出，52 位艺人家庭人口总数 215 人，户均 4.13 人，其中劳动力人数 169 人，所有劳动力中从事农业的占到 68.0%，说明艺人所在的家庭属于典型的农业家庭，他们从事文艺演出是农闲无工可做时的“副业”；在劳动力就业时间上，169 个劳动力 2008 年从事劳动的时间为 1094 个月，人均 6.47 个月。其中，从事农业生产时间为 122 个月，人均 2.35 个月，52 位艺人全年从事文艺演出的时间仅为262个月，人均5.04个月，这说明艺人们所从事的文艺演出受到了农业生产周期及农村市场的极大约束，艺人们想通过演出取得基本收入养活家庭的想法不太现实，这在客观上也限制了艺人们的创作与演出激情，从而抑制了其作为农村公共文化建设传播载体的重要功能。

表6-17 2008年52位艺人家庭及劳动力就业情况 单位：人，月

指标名称	总计	指标名称	总计
一、家庭人口	215	2. 建筑业	12
二、人口中劳动力人数	169	3. 其他	4
三、劳动力文化程度[①]		五、劳动力年内从事各种行业的时间	1094
小学	6		
初中及以下	23		
高中程度	19	1. 从事文艺演出的时间	262
大专以上程度	1	2. 从事农业的时间	122
四、劳动力就业情况[②]		3. 外出从业的时间	445
1. 农业	34	4. 其他	265

从收入构成上看（见表6-18），从事农业生产的收入仍占艺人们家庭收入的绝大部分，2006年52个艺人家庭农业收入为268580元，占当年总收入的70.14%，演出收入为71136元，占当年总收入18.58%；2007年的农业收入占到总收入的65.31%，而演出收入为95992元，占总收入的22.22%；2008年农业收入占总收入的67.23%，而与此同时演出收入占总收入的比重则下降至18.9%。这说明，随着国家对农业补贴力度的逐步加大，农村生产资源进一步向农业特别是粮食生产领域转移，在粮食生产的强势主导下，包括文化资源在内的其他农村资源逐步沉淀与边缘化，这显然与社会主义新农村建设提出的“生产发展、生活宽裕、乡风文明、村容整洁”相悖。

① 有49人给出了学历的回答。

② 有50人给出了回答。

表 6－18 52 个艺人家庭收入情况 单位：元

指标名称	2006 年	2007 年	2008 年
全年总收入	382934	431950	450652
（一）家庭经营收入	359932	400879	413190
1. 演出收入（52 位艺人）	71136	95992	85176
人均：	1368	1846	1638
2. 农业收入	268580	282100	302952
3. 工业收入	14784	15194	14997
4. 其他家庭经营收入	5432	7593	10065
（二）转移性收入	23002	31071	37462
1. 在外人口寄回和带回	16072	23084	25398
2. 亲友赠送	6720	7893	9654
3. 其他转移性收入	210	94	2410
全年纯收入	340184	378508	412672
每个家庭平均	6542	7279	7936
艺人期望家庭收入	8865	9574	10340
机会损失	－2323	－2295	－2404

注：（1）52 个家庭 2006 年人口总数 212 人，2007 年和 2008 年人口总数为 215 人；（2）2006年和 2007 年艺人家庭期望收入按照 2008 年水平 8% 逐年递减折算而得。

我们以当年艺人期望家庭收入作为艺人从艺的参照收入，见表 6－18，2006—2008 年艺人家庭期望收入分别为 8865 元、9574 元、10340 元，这与其家庭当年纯收入差额分别为 2323 元、2295 元和 2404 元。这一方面说明其从艺所得不能弥补其潜在的机会损失；同时，也告诫我们这种损失还在逐步扩大。显然，理性的艺人对这种趋势不会无动于衷，他们一方面期待着这些损失能够得到补偿，另一方面也在不断地将这些损失与他们的职业转移成本进行着比较：一旦他们认为这种损失突破职业转移的成本，他们将毫不犹豫地放弃从艺，转而从事其他职业，这是以建设农村公共文化服务体系为己任的政府所不愿看到的。因此，政府有理由对乡间艺人从艺的机会损失进行补偿，补偿的额度应该能够弥补艺人的机会损失，补偿的多少反映了政府对农村公共文化服务体系建设的态度和对乡间艺人的感情。

五 结论及建议

乡间艺人从事文艺创作和演出为农村公共文化服务体系建设作出了贡献，但由于长期被排斥在公共文化政策体制之外，加之农村市场的强力约束限制了艺人收入增加的机会，形成了机会损失。机会损失的存在抑制了艺人的创作和演出热情，政府应该给予艺人适当的补偿，补贴的额度应该能够补偿机会成本的损失，以维护其从艺热情，服务于农村公共文化服务体系建设。为此，建议将乡间艺人纳入农村公共文化建设范畴，使公共文化资源惠及乡间艺人。对重要的公共文化资源进行合理调整，逐步增加为农村及乡间艺人服务的资源总量。

一是要对乡间艺人进行普查、认定、建档，鼓励成立民间的艺人组织或协会。艺人组织是艺人之间加强联系、参加活动的重要平台，也是对他们身份的认同。通过协会形式将本地区的艺人联合起来，使他们的基本权益纳入制度保障的框架内，为他们日常的创作演出提供体制化的保障。同时，这一工作也为本地区非物质文化遗产资源的有效传承和保护提供前提，为农村公共文化建设提供宝贵的文化资源。

二是按照责权相当的原则，给予艺人适当的生活补偿，以弥补其从艺的机会损失。农村公共文化建设的责任主体是政府，乡间艺人本身并没有从艺的义务。单纯地依靠艺人个人虔诚的艺术信仰支撑该艺术形式的发展和传承不太现实。没有良好的生活环境，在面对生活压力时只有招架之功，没有还手之力，他们将逐渐丧失再度创作的热情，而艺人们的现状又影响后人对这门传统艺术的继承，直接关系到这门艺术的生命力。改善乡间艺人的生活窘况，给予乡间艺人一定的物质待遇，才能使他们理直气壮，充满自信地施展才艺，服务于农村公共文化建设。同时，有了政策提供的生活保障，这些传统乡间艺人就有了继承该艺术门类丰厚传统的主动性和文化自觉，传统民间文化艺人才有可能以艺术的方式生存。

三是推进乡间艺人职称等级评定工作。现有的职称评定都是体制内的，规定要求申报者须有单位推荐，要有大专以上学历。这就将大多数乡间艺人排除在外，而非物质文化遗产的特点是活态传承，口口相传，活体一旦消亡，文化遗产也就可能随之消失，农村公共文化建设也就成了空壳。所以保护文化遗产首先是保护这些传人，而解决这些传人的职称将更有利于传承，更有利于激发乡间艺人的创作激情，从而为农村公共文化建设提供源源不断的素材。

四是宣传部门要加大对乡间艺人的宣传报道，在全社会形成关心支持艺人发展的良好环境。如报纸要加大对农村文化和乡间艺人活动的报道分量，逐步创造条件，增设农村文化的艺人版。电台、电视台增加对乡间艺人节目、栏目的播出时间等。同时，各地应有计划地组织乡间艺人技艺展示以及相关研讨等。

第七章　湖北乡镇文化站"以钱养事"机制的运行机理及其改进策略研究

乡镇文化站长期以来是我国农村群众文化工作网络的重要组成部分，是党和政府开展农村文化工作的基本阵地，也是当前我国农村公共文化服务体系建设的关键。2007 年文化部、国家发展和改革委员会为加强乡镇综合文化站建设，改善农村公共文化服务条件，提高农村公共文化服务能力，共同出台了《全国"十一五"乡镇综合文化站建设规划》。这标志着我国乡镇文化站建设由此进入新的发展阶段。

就湖北而言，其乡镇文化站的改革走在全国的前列。自 2003 年开始，湖北省即按照市场化、社会化的原则，在全省 7 个县市开始乡镇综合配套改革试点。2005 年，湖北省乡镇综合配套改革结束试点，在全省 90 多个县市区全面铺开。自此，湖北省逐渐在全省 1068 个乡镇建立起了以市场为导向、以政府为主体、以满足农民需要为目的的"以钱养事"的农村公共产品供给新机制。湖北省乡镇文化站作为乡镇"七站八所"之一，也被纳入乡镇综合配套改革的范围。经过数年的推进与运行，全省农村基层文化发展新机制逐步建立，乡镇文化站通过改革，提供公共文化服务的能力明显加强，改革成效初步显现，但作为新机制也面临着一些新的问题与挑战。

为总结湖北乡镇文化站"以钱养事"的运行机制和改革经验，探索进一步完善这一新机制的有效途径，武汉大学国家文化创新研究中心组成了"湖北乡镇文化站'以钱养事'机制的运行机理及其改进策略研究"课题组，对当前湖北乡镇综合文化站的建设与运行现状进行了典型访谈与普查式问卷调查相结合的实证调研。

本次典型访谈主要是选取了咸宁市崇阳县文化局以及该县所属铜钟、青山、肖岭、沙坪等几个乡镇文化站作为调查对象。此次调研包括三份问卷，即“湖北省乡镇（街道）综合文化站基本情况调查表”、“2009 年湖北省保障居民群众基本文化权利经费测算表（县、市、区）”、“2009 年湖北省保障居民群众基本文化权益经费测算表（乡镇、街道办）”。其中，问卷一共回收问卷685 份，有效问卷498 份，有效回收率72. 7%；问卷二回收问卷63 份，有效问卷 61 份，有效回收率 96. 8%；问卷三回收问卷527 份，有效问卷 498 份，有效回收率 94. 5%；从所回收有效问卷来看，调研对象遍布于湖北省不同区域，具有较强的代表性。

表 7－1　　调查问卷情况

行政区域	问卷一	问卷二	问卷三
武汉市	4	1	4
黄石市	8	3	21
襄樊市	89	7	77
荆州市	67	5	67
宜昌市	88	7	52
黄冈市	55	8	51
十堰市	76	7	49
孝感市	96	5	51
荆门市	33	4	18
咸宁市	38	5	37
随州市	37	2	37
恩施市	55	6	55
仙桃市	12	1	0
潜江市	19	1	0
神农架林区	8	1	8
总计	685	63	527
有效问卷	498	61	498

第一节　湖北省乡镇文化站“以钱养事”改革的背景与运行机理

湖北省乡镇文化站“以钱养事”模式是乡镇体制综合改革背景下的产物。从其运行机理来看，既符合了“新公共管理”改革潮流，又与当前切实保障基层人民文化权益的现实取向相吻合。

一　改革的背景与过程

在过去，农村的公共文化服务主要由乡镇文化站承担。但乡镇文化站作为我国最基层的文化事业单位，是计划经济时代国家基于政权建设的需要，对乡村的文化活动实行了集权化、部门化、计划化管理的产物。随着我国市场经济的不断发展与完善，作为事业单位的乡镇文化站限于旧有管理体制与运行机制的局限，不仅日益暴露出人浮于事、效率低下、机构膨胀、服务无力等弊端，而且其提供的公共文化服务也越来越不能满足农民日益增加的精神文化需要。2004 年调查显示，湖北省 1180 个乡镇文化站中，真正能较好发挥作用的已不到 1/3，半数以上基本丧失功能。有的乡镇文化站甚至一年不开展一项活动，基本处于瘫痪状态。

而就在乡镇文化站陷入困境的同时，农民的文化需求却日益增长。经过 30 多年的改革开放，农民的物质生活和经济状况已经有了较大的提高。在物质生活日益得到满足的同时，广大农民对文化精神生活的需求也逐渐增强，有了“求富、求知、求乐”的综合性、多层次、多样化的更高的文化需求。在此背景下，为满足广大农民日益增长的精神文化需要，对作为农村文化建设基层阵地——乡镇文化站的改革势在必行。

我国关于事业单位改革一直存在着两种思路：一是体制内的改良与微调；二是体制外的改革，即事业单位的整体转制和重建。湖北省推行的“以钱养事”显然选择的是第二种方式。

2000 年，湖北省咸宁市咸安区作为湖北乡镇事业单位改革的先锋，率先着手建立农村公益性服务“以钱养事”新机制。改革之初，首先按照“行政职能整体转移、经营职能走向市场、公益服务职能面向社会”的总体思路，进行了站所转制和身份置换；然后变“养人”为“养事”，建立起“以钱养事”的公共服务新机制。

2003 年湖北省委、省政府在总结咸安经验的基础上，结合全省的实际，制定出台了《关于推行乡镇综合配套改革的意见》。该文件明确提出要在全省“推进乡镇综合配套改革”，坚持市场取向、开拓创新的原则，遵循市场规律，引入竞争机制，办好社会事业，变“养人”为“养事”。随后湖北省按山区、丘陵、平原的分类确定了咸安、京山、监利、洪湖、天门、安陆、麻城七个县市区为乡镇综合配套改革试点，推行“以钱养事”的新体制、新机制。

2005年试点结束，湖北省委、省政府相继下发《中共湖北省委、湖北省人民政府关于推进乡镇事业单位改革，加快农村公益性事业发展的意见》（鄂发〔2005〕13号）和《湖北省委办公厅、湖北省人民政府办公厅关于建立“以钱养事”新机制，加强农村公益性服务的试行意见》（鄂办发〔2006〕14号）两个文件，在湖北省全面铺开以“以钱养事”为核心的乡镇综合配套改革。

2007年为进一步规范与完善乡镇综合配套改革，湖北省委办公厅、省政府办公厅又联合下发了《关于巩固完善农村公益性服务“以钱养事”新机制的若干意见》，完善了相关的政策措施，提出了公益性服务岗位配备的参考标准，强化了奖惩措施。至此，湖北省“以钱养事”的乡镇综合配套改革在政策层面的架构基本完成。

在实践层面，至2007年底，全省乡镇行政机关改革基本完成，“七站八所”完成转制，绝大多数乡镇初步建立“以钱养事”新机制，形成了整体推进改革的局面。

而湖北乡镇文化站作为乡镇综合配套改革的一部分，也随之推进。特别是2006年11月湖北省委、省政府为落实《中共中央办公厅、国务院办公厅关于进一步加强农村文化建设的意见》，出台《关于进一步加强全省农村文化建设的实施意见》。该意见对乡镇文化站实行“以钱养事”新机制做了明确的部署与具体的要求，大大加快了湖北乡镇文化体制改革的进程。到2007年，湖北省80%以上的乡镇文化站实行了“以钱养事”新机制。随着机制的转换，湖北乡镇文化站重新焕发活力，公共文化服务能力与质量都有了显著的提高。

二　湖北省乡镇文化站“以钱养事”改革的内涵与运行机理

湖北乡镇文化体制改革的基本思路是“政府主导，社会参与，市场化运作”，通过改革原乡镇文化站的投入机制、用人制度和服务方式，建立“以钱养事”，即“政府购买服务”的新机制。新机制的具体内容包括：工作转换机制（实行“以钱养事”）、单位转变性质（由事业单位转变为“非企业单位”）、人员改变身份（由文化干部转为“社会人”）。乡镇文化站改革的主要做法是“人员竞聘、目标责任、合同管理”。

具体而言，就是：乡镇文化站与政府脱钩，由事业单位整体转制，原有人员退出事业编制序列，脱离财政供养关系，同时建立全员基本养老保险制度，重新组建集文化与体育、广播影视、科技推广、科普培训和青少年校外活动等于一体的综合文化站和文化中心。综合文化站承担乡镇公益性文化服务的职能，人员公开招考，竞争上岗，签订聘用合同，实行动态岗位管理。公益文化服务则实行项目合同管理，县级文化行政部门和乡镇政府分别作为聘用方或监督方，服务人员作为受聘方，三方共同签订年度服务项目合同，按合同进行季度和年度考核。县（市、区）、乡镇政府作为提供农村公益文化服务的责任主体，按照“财政出钱，购买服务，合同管理，考核兑现”的要求组织和督促落实。

由上观之，这一改革实质分为两个部分：一是转制，即单位性质由文化事业单位转换为“非企业单位”、人员身份由文化干部转换为“社会人”，从而使得乡镇文化站从行政事业单位的编制管理和财政供养系列中彻底分离出来，打破了农村公共文化服务领域由政府包办的格局，为引入市场机制提供了可能。

二是建立起“以钱养事”的公共文化服务供给机制，由过去的行政事业单位的“养人”、“养机构”变为“养事”，钱随事走、“三卡”考核，从而改变乡镇文化站从业人员在过去行政事业体制下激励不相容的问题。所谓激励不相容是指过去的乡镇文化站属于事业单位，其从业人员的工资福利由财政供养，由此出现文化站从业人员与文化服务受益方农户，两者利益并不直接一致的现象。也就是说，作为公共文化服务受益人的农户，他们利益的增加或减少一般并不能直接影响作为公共文化服务供给者——乡镇文化站从业人员利益的增减。而湖北省乡镇文化站推行“花钱买服务”式的以钱养事改革有效解决了这一激励不相容问题，通过“合同管理，考核兑现”的方式将文化站从业人员的工资福利与其提供文化服务的频次、质量以及农户的满意度直接挂钩，从而提高了乡镇文化站服务的主动性与积极性，增强了农村公共文化服务供给的活力与效率。

湖北省在推进乡镇文化站机制转换、人员身份转换的同时，为保证其公益性，又坚持对乡镇文化站做到“四个保留”：一是保留公益性文化服务职能，二是保留阵地，三是保留经费，四是保留文化站的牌子。因而在实行“以钱养事”新机制后，湖北乡镇文化站所承担的公益性文化服务职能并没有减少。2009 年湖北省文化厅制定的《湖北省乡镇综合文化站管理办法（征求意见稿）》中即规定乡镇文化站的基本职能包括开展社会文化服务、指导村组文化建设、保护文化遗产和协助管理农村文化市场等。乡镇文化站作为构建农村公共文化服务体系骨干的地位更为明确。

湖北乡镇综合配套改革的目标，是要推动包括农村公共文化服务在内的政府公共服务社会化、市场化。为此，乡镇文化站由文化事业单位转变为非企业单位，由政府文化部门直接管理的公共机构变为具有主体地位的社会机构，在政府与市场之间嵌入社会化、市场化的供给渠道。因此，湖北乡镇文化站“以钱养事”的改革实质是体制机制的根本转换。

而这一转换既符合了“新公共管理”改革潮流，又与当前切实保障基层人民文化权益的现实取向相吻合。

新公共管理理论是当前西方主要奉行的行政改革指导思想论之一，于20世纪80年代兴起于欧美各国，其中美国政府和英国政府对其应用最具典型性。其理念核心在于强调“政府有限理性”，主张借鉴现代经济学的理论改革政府在公共领域的管理，引入商业化的现代企业管理制度和市场竞争机制经验，以经济人的视角定位政府行政人员，以达到提高公共服务产出效率的最终目的。

我国新公共管理理论的兴起也是社会主义市场经济发展的必然要求。市场经济的发展需要代表公共权力的政府同时实现从全能式政府向有限式政府的转变和从管制型政府向服务型政府的转变。前一转变要求政府的权力收缩到自身应有的范围之内，后一转变要求政府的职能又必须承担应有的公共服务责任，这两种看似矛盾的转变只有通过公共服务从政府内部直接供给走向契约外包的“竞标”，引进市场化机制，才有可能同时实现。

因而湖北乡镇文化站“以钱养事”新机制的建立，正与新公共管理理论主张通过引进市场机制来完善政府公共组织的观点相符合。

与此同时，随着我国步入总体小康社会，人民生活从“温饱型”向“小康型”转变，家庭消费从“物质型”向“精神型”延伸，人们在物质生活得到日益满足的同时，对于精神文化生活的需求越来越强烈。如何保障人民群众的基本文化权益、改善文化民生，成为我国目前文化建设的核心议题，并充当近年来我国各级政府推动文化事业发展、深化文化体制改革的重要抓手。湖北乡镇文化站“以钱养事”改革正是从满足农民文化需求出发，通过体制机制转换以提高公共文化服务的供给效率与水平，建立适应新形势、新需要的农村公共服务体系。从此点而言，湖北乡镇文化站“以钱养事”改革与当前切实保障基层人民文化权益的现实取向也相吻合。

第二节 湖北省乡镇文化站“以钱养事”改革取得的成绩

一直以来，我国的乡镇文化站作为文化事业工作的最前沿阵地，在过去的三十多年中在基层文化建设方面发挥了重要的作用。但随着人民群众文化需求的日益增长和渐趋多样化，乡镇文化站在公共文化供给方面也渐渐表现出了供需不对等的低效率弊病，严重制约了基层公共文化服务的发展。“以钱养事”政策的出现为解决这一问题提供了新的探索方向，在率先实行这一政策的湖北，获得了较大的成效。

一 创建了新的用人机制，优化了基层文化队伍

自从实施“以钱养事”的市场化运作机制以来，湖北省80%以上的乡镇综合文化站人员实行了合同聘用和岗位管理，通过定期考核，初步形成“能者上、庸者下”的竞争氛围，目的在于实现人员的优化组合。据统计，到2006年底，全省共确定乡镇文化站公益服务岗位1657个，实际录用上岗1640人，相比2003年全省在岗人数3768人减少2128人，精减幅度达56%。

再从2004—2009年湖北乡镇文化站从业总数看，2009年比2004年减少了405人，精减幅度达16.7%；但中高职称从业人员所占的比例却有显著提高，从2004年的9.72%增加到2009年的20.82%。具体变化情况可见表7-2。

表7-2 湖北乡镇文化站人才队伍情况

年份		2004	2005	2006	2007	2008	2009
从业数（人）		2418	2259	2083	2122	2204	2013
高级职称	人数（人）	23	17	24	59	37	34
	比例（%）	0.95	0.75	1.15	2.78	1.68	1.69
中级职称	人数（人）	212	259	294	351	346	385
	比例（%）	8.77	11.47	14.11	16.54	15.7	19.13

经过“以钱养事”改革后，湖北乡镇文化站不仅从业总数有了适当

的精减，而且人员素质有了较大提升。这与实地调研所获得的情况也相吻合。

调研显示，在被调查的乡镇文化站中，到2009年，其工作人员队伍中，取得专业任职资格的人数达到67%，取得中级及以上职称人员约占28%，大学以上学历占37%，高中和中专学历的占55%，85%以上的工作人员具有5年以上的现职工作经验。

由此可见，经过近五年的建设，湖北省乡镇综合文化站工作人员队伍在专业化、知识化方面有了较好的提升。

二 加大改革经费投入，提高从业人员待遇，文化站公共文化服务职能相对更有保障

改革以前，乡镇文化站基本没有正常的业务费用，而实行"以钱养事"后，各级政府加大了对乡镇文化站的财政投入，经费有了极大增长。

根据《中共湖北省委、湖北省人民政府关于推进乡镇事业单位改革加快农村公益性事业发展的意见》（鄂发〔2005〕13号），改革后，县级财政要将农村公益事业服务经费按照部门预算要求纳入年度财政预算，逐年加大对农村公益性事业的财政投入，并分解落实到具体服务项目。具体到文体职能，县级财政的服务经费拨付标准是：文化体育每人不低于0.5元。仅此一项，全省县乡财政投入乡镇公益性文体服务经费至少达到2370万元。与此同时，"十一五"期间，省财政每年新列专项资金1600万元，省发改委每年安排建设资金400万元，用于农村乡镇文化站等农村公共文化设施建设。仅此两项，湖北省乡镇文化事业经费每年就达4370万元，是"十五"期间5年总和的60%。

2006年湖北省委、省政府又出台了《关于建立"以钱养事"新机制加强农村公益性服务的试行意见》（鄂办发〔2006〕14号），对农村公益性服务的经费渠道做了进一步的规定：一是按照《中共湖北省委、湖北省人民政府关于推进乡镇事业单位改革加快农村公益性事业发展的意见》（鄂发〔2005〕13号）规定的项目和标准，县级财政按照部门预算的要求，纳入年度财政预算的农村公益性服务经费；二是省级财政对实行"以钱养事"新机制乡镇的补助资金；三是农村税费改革转移支付中专项用于农村公益性服务的资金；四是上级拨付的其他农村公益性服务专项资金。该文件还规定省级财政2006年对实行"以钱养事"新机制的乡镇农技服务（含水产、农机）、畜牧兽医、文化事业等方面的公益性服务补助资金，按每个农业人口5元的标准确定。

2007年，省财政安排对实行“以钱养事”新机制乡镇的补助经费达到4亿多元，农业人口人均10元。2009年，这一经费数又增加到农业人口人均15元。按照10%用于文化体育与传媒事业的比例，仅省财政厅的补助经费在2009年就增长到人均1.5元。

据统计，2004年湖北乡镇文化站的总收入仅为2597万元，到2009年已增长至1.22亿元，年增长率达到了80.2%。其中财政拨款与上级补助在乡镇文化站年收入中所占比重最大，占60%以上，2008年甚至高达86.7%。整个“十一五”期间，湖北省全省文化事业财政补助经费年平均增长率为23.38%，而全省乡镇综合文化站财政拨款及上级补助收入年均增长率却达到了34.67%。这既充分表明了乡镇文化站作为基层公益性文化单位，其经费来源主要依靠国家公共文化财政投入，又表明在实行“以钱养事”新机制后，湖北省对乡镇文化站的文化投入增长幅度明显高于全省文化总投入增长幅度，体现了湖北省各级政府对农村文化的重视。具体情况见表7-3。

表7-3　　2004—2009年湖北乡镇文化站的经费来源情况

年份	2004	2005	2006	2007	2008	2009
文化站站数（个）	997	937	1019	1036	1023	1027
财政拨款（万元）	1524	1519.5	2441	3891.5	4451.3	8642.1
上级补助（万元）	49.3	111.8	694.4	1439	4524.9	—
事业收入（万元）	500.7	395.3	288.7	373.3	277.5	506.3
经营性收入（万元）	259.9	159.7	227.3	166.8	61.1	149
附属单位上缴（万元）	17	0.3	8.8	1.6	6.3	—
其他收入（万元）	246.1	261.2	309.2	327	1032.4	2930
总计（万元）	2597	2447.8	3969.4	6199.2	10353.5	12227.4

此外，2004—2009年间湖北乡镇文化站的站均经费收入也有极大的提高，从2004年的站均2.6万元增长到2009年的站均12.76万元。

而从湖北乡镇文化站的支出看，从业人员的工资、福利及个人家庭补助支出的金额虽逐年增加，但其在总支出中所占比例却在逐年减少。统计数据显示，2004 年湖北省乡镇文化站从业人员的经费支出为 1635.7 万元，人均 6765 元，占当年总开支的 63.54%；到 2009 年乡镇文化站从业人员的经费支出已达到 3420.5 万元，人均增长到 16992 元，在当年总开支所占的比例却下降到 25.77%。由此可见，湖北省乡镇文化站从业人员的待遇在 2004—2009 年间有较大的提高，2009 年的工资福利及个人家庭补助收入是 2004 年的 2.5 倍。从业人员的支出在总支出中所占比例的下降，正反映了乡镇文化站的财政投入正由过去的重在“养人”转向“养事”，更多的经费用于文化服务设施的提高与文化服务项目的开展。具体情况可见图 7-1。

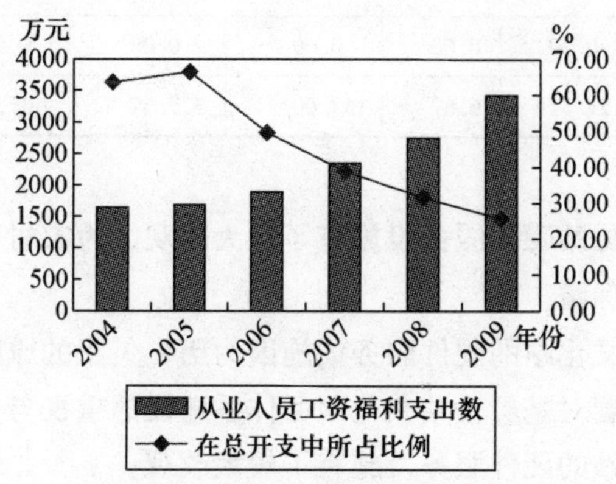

图 7-1　2004—2009 年湖北省乡镇文化站从业人员支出数及所占比例变化图

2010 年的调研也显示，湖北省在实行“以钱养事”后，各级财政对乡镇文化站的经费投入有了一定幅度增加。从人均财政投入总量来看，截至 2010 年，被调查的湖北省乡镇综合文化站人均财政总投入的中值平均数为 1.32 元，均值平均数为 2.38 元，达到 1.5 元以上的占 50%。因此，总体上人均财政总投入达到了 1.5 元的政策规定投入标准。

而被调查乡镇文化站上岗人员 2007—2009 年年均服务报酬（工资支出、福利支出、保险费支出三项之和）也达到了 19333 元，月均超过 1500 元（见表 7-4）。因此，在一定程度上调动了他们工作的积极性和主动性。

表 7-4　　湖北省乡镇综合文化站人员支出概况　　单位：千元，%

项目		年均工资支出	年均培训支出	年均福利支出	年均保险费支出	年均人员总支出	年均人员总支出占比	人员年均年支出
N	有效	495	494	493	494	490	467	485
	缺失	33	4	5	4	8	31	13
均值		25.6039	0.6078	0.5277	5.5455	32.2339	0.6684	13.7005
中值		16.6667	0.0000	0.0000	2.6000	19.3333	0.5140	13.8333
众数		0.00	0.00	0.00	0.00	0.00	1.00	0.00
标准差		29.50539	1.83780	1.80543	11.73245	37.65552	1.03537	9.65051
极小值		0.00	0.00	0.00	0.00	0.00	0.00	0.00
极大值		309.67	21.57	16.67	159.00	377.67	11.50	90.89

三　乡镇文化站硬件服务设施有了极大改观，为农村公共文化服务的开展提供了物质保障

湖北省乡镇文化站的硬件服务设施因为历史欠账的原因，相对比较薄弱，但近年来随着对基层公共文化服务体系建设的重视与公共文化财政投入的增多，文化站的硬件服务设施有了较大改观。

按照湖北省文化厅2009年出台的《湖北省乡镇综合文化站管理办法》中的规定：乡镇综合文化站的建筑面积应不低于300平方米，经济状况较好的不低于500平方米，基本功能空间应当包括多功能活动厅、书刊阅览室（包括电子阅览室、文化信息资源共享工程服务室）、文化科技培训室和管理办公用房；乡镇综合文化站一般应建设室外活动场地，包括文化广场、露天舞台、球场、体育健身路径等设施。此外，乡镇综合文化站还要配备开展公共文化服务必需的文化设备和文化资源，包括：开展活动所需要的电影放映机、电视、多媒体影碟机、照相机、收录机等；举办一般性文艺演出所必需的乐器、服装、灯光、幕布等；球类、健身等体育器材；开展培训、讲座的桌凳、黑板等；图书、音像资料等文化资源。

统计显示，2004—2009年湖北乡镇文化站的藏书量与文化活动用房的面积都有较大增长。站均藏书量从2004年的1575册增加到2009年的2306册，增长了46.4%；站均文化活动用房的面积从2004年的250.6平

方米增加到2009年的397.1平方米，增加了58.5%（见表7-5）。

表7-5　　2004—2009年湖北省乡镇文化站站均藏书量及文化活动用房面积变化

年份	2004	2005	2006	2007	2008	2009
站均藏书量（册）	1575	1908	1805	1948	2131	2306
站均文化活动用房面积（平方米）	250.6	304.4	249.4	306.9	372.9	397.1

调研也显示，湖北省乡镇文化站到2009年无论建筑面积，还是文化设备、文化资源都总体上能承担各项基本公益性服务职能。

首先，就文化站相关职能单元的建筑面积而言，被调查的乡镇文化站在2009年，其阅览室、文体活动室、多功能室以及办公室的平均面积分别达到76平方米、141平方米、213平方米和56平方米，与《湖北省“十一五”期间乡镇综合文化站文化设施维修专项资金管理暂行办法》所规定的100平方米、100平方米、250平方米、50平方米的最低标准相差不多，而文化站平均总面积达到768平方米，已经超过了该办法所规定的最低标准——500平方米；就中值平均数而言，2009年阅览室、文体活动室、多功能室以及办公室的平均面积也分别达到50平方米、80平方米、100平方米、30平方米，而文化站总面积也基本达到了500平方米这一规定达标标准。因而，单就建筑设施而言，湖北省乡镇综合文化站建设工作总体上已经达标。具体情况可见表7-6。

表7-6　　湖北省乡镇综合文化站功能面积概况　　单位：平方米

项目		阅览室面积	文体活动室面积	多功能室面积	共享工程室面积	办公室面积	宣传栏面积	经营场地面积	文化站总面积
N	有效	412	366	357	246	418	320	80	398
	缺失	85	131	140	251	79	177	417	99
均值		76.4591	141.4161	213.6550	105.1890	56.3156	27.1105	230.3495	767.7238
中值		50.0000	80.0000	100.0000	56.1500	30.0000	10.0000	70.4545	500.0000
众数		30.00	100.00	100.00	80.00	20.00	10.00	0.00	500.00
标准差		149.5	240.73	1219.35	289.95	228.13	92.39	607.18	872.31
极小值		0.00	0.00	0.00	0.00	0.00	0.00	0.00	20.00
极大值		2300.00	2300.00	23000.00	3600.00	3900.00	1432.00	4750.00	7580.00

其次，就文化站公共服务职能得以开展的基本设备配备情况而言，经过几年的不懈努力，湖北省乡镇综合文化站总体上已经具备了履行各项基本公共文化体育服务功能的最基本设备条件。由下表可知，无论是阅览室、文体活动室、露天文体活动场地，还是多功能活动室、文化信息共享工程基层点，以及宣传栏和办公室，都已经具备了履行各自服务职能所必需的活动器材和配套设备。其中湖北省乡镇文化站站均藏书量已达到了3762册，超过同年全国乡镇文化站的站均藏书量746册。

表7-7（1）　湖北省乡镇综合文化站文体活动设施概况（一）

项目		图书册数（册）	书架米数（米）	乐器件数（件）	体育器材件数（件）	篮球场个数（个）	健身场地个数（个）	露天舞台面积（m^2）	宣传栏面积（m^2）
N	有效	362	352	199	248	239	229	128	320
	缺失	135	145	298	249	258	268	369	177
均值		3762. 1649	15. 4474	12. 7021	7. 8354	5. 4534	746. 7543	468. 2436	27. 1105
中值		2000. 0000	6. 0000	6. 0000	5. 0000	1. 0000	200. 0000	100. 0000	10. 0000
众数		1500. 00	5. 00	10. 00	1. 00	1. 00	200. 00	100. 00	10. 00
标准差		6232. 105	36. 66637	37. 71094	10. 48773	38. 28937	5306. 20822	2264. 37866	92. 39452
极小值		0. 00	0. 00	0. 00	0. 00	0. 00	0. 00	0. 00	0. 00
极大值		70000. 00	540. 00	400. 00	70. 00	500. 00	80000. 00	25000. 00	1432. 00

表7-7（2）　湖北省乡镇综合文化站文体活动设施概况（二）

项目		多功能室电脑台数	多功能室电视台数	多功能室音响套数	多功能室DVD台数	共享工程室电脑台数	共享工程投影仪台数	共享工程碟机台数	空调台数	其他配套设施件数
N	有效	237	219	247	234	206	167	168	93	65
	缺失	260	278	250	263	291	330	329	404	432
均值		4. 1185	1. 7169	1. 5900	7. 7642	6. 2400	1. 1426	1. 9513	1. 8416	38. 0126
中值		2. 0000	1. 0000	1. 0000	1. 0000	4. 0000	1. 0000	1. 0000	1. 0000	5. 0000
众数		1. 00	1. 00	1. 00	1. 00	1. 00	1. 00	1. 00	1. 00	0. 00
标准差		6. 019	2. 643	3. 423	69. 170	8. 766	1. 253	3. 26291	1. 811	161. 721
极小值		0. 00	0. 00	0. 00	0. 00	0. 00	0. 00	0. 00	0. 00	0. 00
极大值		50. 00	30. 00	50. 00	1000. 00	80. 00	12. 00	25. 00	9. 00	1200. 00

由上可知，从硬件设备言，湖北省乡镇文化站建设基本达到了“十一五”预期的目标，为文化站开展各项公共文化服务活动提供了坚实的物质基础。

四　农村文化事业得到较快的发展，服务水平得到提升

“以钱养事”新机制的建立，调动了乡镇综合文化站人员工作积极性。在2004—2009年间湖北乡镇文化站无论是开展文化服务的次数，还是服务方式都有较大的提升。

表7-8　　2004—2009年湖北乡镇文化站开展服务活动情况

年份	2004	2005	2006	2007	2008	2009
举办展览场数（场）	1622	7120	7077	2081	2433	2633
组织文艺活动次数（次）	7886	4421	7681	8722	7914	9969
举办训练班班次（次）	1627	1170	2053	2685	3388	4574
培训人次（千人次）	58.1	57.2	102.5	203	251	286.61

由上表可知，2004—2009年间，湖北省乡镇文化站举办展览、组织文艺活动与举办培训班的次数及培训的人数都有不同幅度的增长。湖北乡镇文化站开展的文化服务活动2004年同2009年相比，举办展览的个数增长了62.3%，组织文艺活动的次数增长了26.4%，举办培训班的次数增长了181.1%，培训人数增加了393.3%。

从乡镇文化站站均举办活动次数看，也呈现上升趋势。2009年湖北省乡镇文化站站均举办活动的次数已达到16.78次（见图7-2），超过了《湖北省乡镇综合文化站管理办法》中“不得少于12次”的规定。

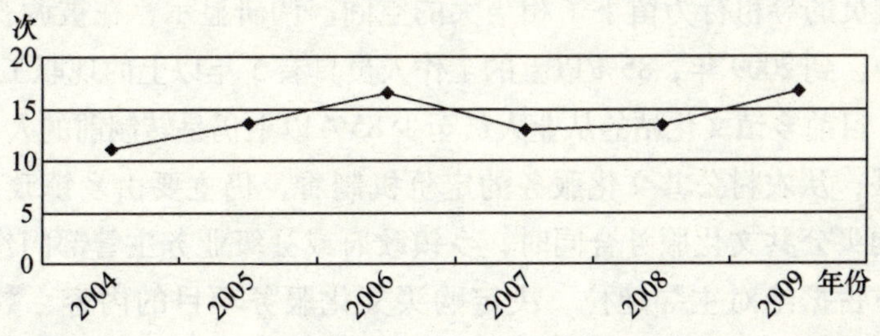

图7-2　2004—2009年湖北乡镇文化站站均开展服务活动次数变化

随着机制体制的转变，乡镇文化站从业人员的服务意识也有所强化，各地文化站不断创新服务方式，更好地服务广大农民。

第三节 湖北省乡镇文化站“以钱养事”改革目前存在的问题

由于“以钱养事”是一种新的改革方式，所以其在探索的过程中也暴露了一些问题与不完善的地方。

一 “以钱养事”在引入市场竞争机制方面尚不彻底，公共文化产品的供给仍存在单向性弊端

引进市场竞争机制的根本目的在于根据群众的文化需求调节公共文化产品的生产和供给，以构建适应社会主义市场经济要求的农村公共文化服务体系。但就相关调研来看，“以钱养事”政策在湖北地区的推行尚不能彻底实现农村公共文化供给社会化、市场化的目标。

其中关键在于农村公共文化服务的供给主体仍然是乡镇文化站转制后的原班人马，服务主体多元化的市场竞争机制仍未构建起来。尽管湖北省规定，所有具备承担农村公益性文化服务资格和能力的公益性服务组织、事业单位、企业和个人都可以成为公共文化服务的供给主体。但当前乡镇的实际情况是能够从事公益性文化服务的主体数量并不多。事实上，在大多数乡镇里只有一个文化服务主体——转制后的乡镇文化站，因而多数地方只能将文化服务项目委托给由本地文化站蜕变而来的文化服务中心。虽然少数地方也尝试公开招标，但在目前乡镇公共文化服务市场还未能充分培育的情况下，大多数竞标结果几乎毫无悬念。这种流于形式的招标反而为地方官员的寻租行为留下了相当大的空间。调研显示，在被调查的乡镇文化站中，到2009年，85%以上的工作人员具有5年以上的现职工作经验。换言之，目前乡镇文化站的从业人员至少85%以上仍是转制前的人员。

此外，从农村公共文化服务的定价机制看，仍主要由乡镇政府决定。在签订购买公共文化服务合同时，乡镇政府或县级业务主管部门作为合同的购买方占据绝对主导地位，决定购买文化服务项目的内容、数量及价格，从而导致反映文化服务市场供需状况的价格杠杆处于失效的状态。而且出于社会维稳及地方保护主义等多方面的考虑，农村公共文化服务的供

给和购买仍然局限于各自乡镇内部，跨乡镇的县域公共文化服务市场未能建立起来。同构建市场机制所需的开放性与流通性的要求仍存差距。

因此，湖北乡镇文化站目前推行的“以钱养事”改革并未能完全实现农村公共文化服务市场化与社会化的目标。

二　“以钱养事”运作过程之中缺乏农民的参与，导致乡镇文化站公益性社会服务功能履行情况并不理想

调研显示，从文化站硬件服务设施设备看，湖北乡镇文化站已具备了提供各种文化服务职能的条件，但从实施效果看，却不理想。

2009年，被调查的乡镇文化站中，日均服务3人次以上的阅览室、文体活动室、多功能室与共享工程基层点分别占39%、38%、42%和38%，日均服务人次在1人以下的分别占29%、33%、34%和36%。应该是最受欢迎的各种健身场所竟然也有21%的文化站日均服务人次在1人以下，日均服务人次在10人以上的仅仅只有36%。因此，从这些数据可知，当前湖北省乡镇文化站公益性社会服务功能履行情况是不太理想的。

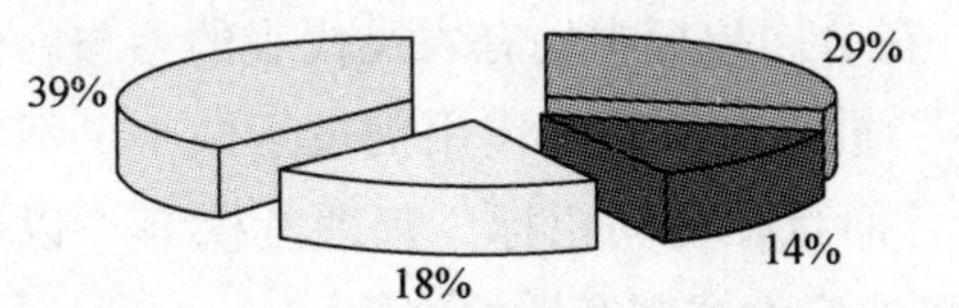

图7-3　2009年阅览室服务人次

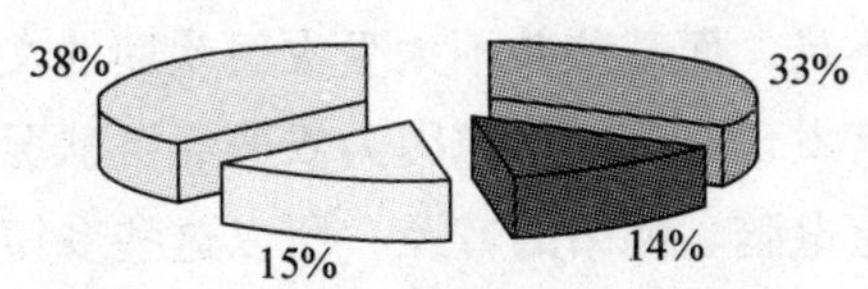

图7-4　2009年文体活动室服务人次

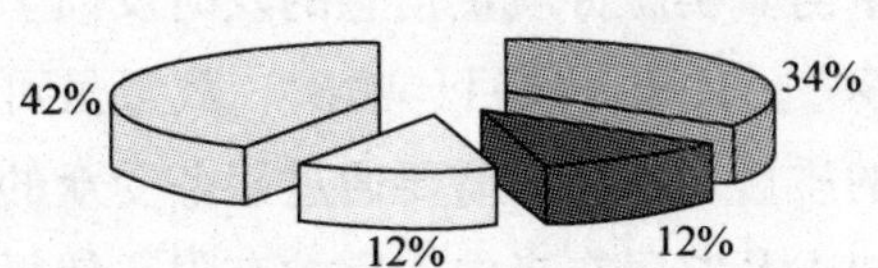

图7-5　2009年多功能室服务人次

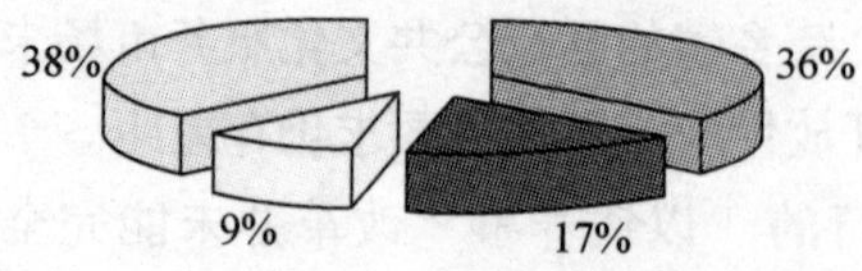

图7-6 2009年文化信息共享工程基层点服务人次

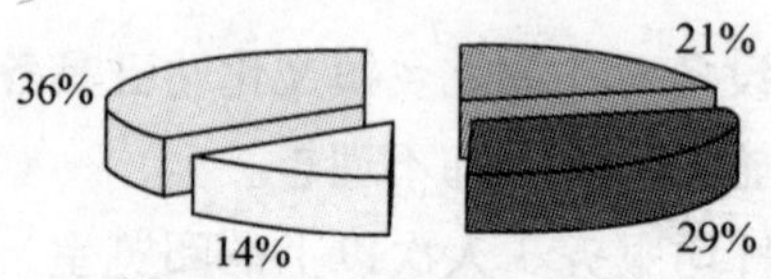

图7-7 2009年健身场所服务人次

造成乡镇文化站公益性社会服务功能履行情况不太理想的因素可能有多个方面，但其中一个重要原因就是“以钱养事”运行机制中农民参与的缺乏。从制度设计看，“以钱养事”机制也留下了农民参与的接口，如“三卡”考核中就有农民签字卡，在合同招标中也有农民代表的参与。但具体实践中，农民在“以钱养事”机制中所起的作用仍过于微小，不仅在服务立项中未能有自己的声音，而且在合同招标、管理考核等“以钱养事”各个运行环节中也不能起到决定性或制衡性的作用。

正因作为服务受众的农民在“以钱养事”运行机制中参与的缺乏，从而产生两方面的后果：一是文化服务供需出现错位的现象，某些农民喜爱的文化服务项目未能立项或供给不足，而某些并不太受农民欢迎的文化服务项目反而大量供给。如访谈中就发现，某些乡镇因为农民经济状况较好，电视、影碟机入户率较高，加上电脑、网络的普及，所以这些乡镇的农民在家中即可及时观看到最近的电影，故而对于电影下乡并不太欢迎，但基于国家的规定，这些乡镇仍安排了一年多场电影下乡。二是在文化服务合同履行中，缺乏长效的监督力量与真实服务质量信息的及时反馈。由于农村公共文化服务是一种“软服务”，其服务项目、频次、数量虽可以通过服务合同进行量化，但其服务的质量、水平却需要通过服务受众的反馈，才能得知。但目前参与机制的缺乏及农民在当中作用的有限，使得广大农民对于参与公共文化服务质量的监督与反馈并不太积极，反而基于思维惯性仍认为这些都是属于那些乡镇干部的分内事，从而使得乡镇文化站在提供公共文化服务的过程中缺乏长效的监督力量和服务质量信息的及时反馈。如一些乡镇的农户签字卡就流于形式，甚而出现由乡镇文化站请人代签的个别现象。

三　全省范围内农村公共文化服务设施、经费投入仍处于不均衡分布的状态

从乡镇文化站的建筑面积看，尽管当前湖北省乡镇文化站的面积均值已经达到500平方米这一达标标准，但是各地文化站建筑面积悬殊的现象较为突出。

在被调查的乡镇文化站中，总体面积最大的达到了7580平方米，最小的仅有20平方米，前者是后者的379倍；而总体面积在300平方米之下（低于国家最低标准）的乡镇文化站仍占39%，500平方米及以上的只有42%。这表明仍有一半以上的乡镇文化站仍未达到湖北省规定的标准。

从乡镇文化站的公共文化服务设施设备看，各文化站之间也存在较大的差距。在被调查的乡镇文化站中，拥有图书、乐器、体育器材、多功能室电脑、电视及音响数量最多的，分别达到了70000册、400件、70件、50台、30台、50台，而最少的却均为0册（件、台）。由此可见，在文化服务设施设备的分布上，各文化站之间也不均衡。

再从经费投入看，湖北省乡镇文化站总体上人均财政总投入虽达到1.5元的政策规定投入标准，但不同地区文化站投入量的差距极为巨大。据本次调查显示，2010年，在被调查的乡镇文化站中，仍有36%的县乡两级政府人均财政拨款不足0.5元，0.5—1元的占23%，1元及以上的占41%；而各级政府综合人均财政拨款——人均财政总投入不足1.5元的占50%，1.5—2.5元的占26%，2.5元及以上的占24%。具体情况如下图：

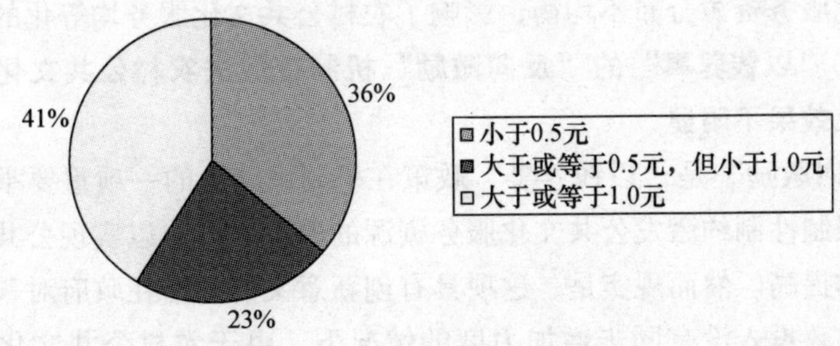

图7-8（1）　县乡人均财政投入

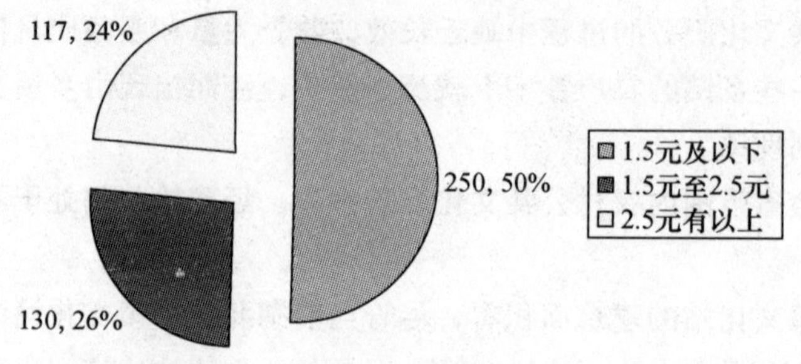

图 7－8（2） 人均财政总投入

由上可知（见图 7－8（2）），约有 50% 的文化站人均财政总投入量低于 1.5 元的现有政策规定底线。事实上，市场化改革以来，部分县、市对文化站拨款每年递减 30%，2005 年后不再安排预算；更有少数县、市把文化站列为撤销单位，原工作人员已停发工资。

而各地文化站经费投入的不平衡导致的另一后果是各地文化站从业人员的待遇也不一致。调查显示，被调查的乡镇文化站从业人员虽然 2007—2009 年年均服务报酬（工资支出、福利支出、保险费支出三项之和）达到了 19333 元，但其中年均工资在 1.2 万元以下的（月均工资不足 1000 元）仍占 28.7%。如 2009 年，竹溪县汇湾乡文化站职工的工资每个季度仅 2226 元，在职职工月平均工资只有 742 元，连基本的生活保障都存在困难。

之所以各地区乡镇文化站的公共文化服务设施、经费投入仍处于不均衡分布的状态，一方面固然有历史遗留问题的因素，但更重要的是由于各地经济发展水平的差异致使各地财政提供公共文化投入的能力差距加大，再加上省级以上财政投入在下拨过程中有被截留和挪用的可能，从而导致各地文化服务资源分布不均衡，影响了农村公共文化服务均等化的实现。

四 “以钱养事”的“反向激励”机制在促进农村公共文化服务水平提升上效果不明显

“反向激励”是“以钱养事”政策在机制设计上的一项重要举措，意图借助强制性制约激发公共文化服务资源的潜力提升，以实现公共文化服务效率的提高。然而现实是，这项具有创新意义的举措在政府对基层公共文化的财政投入没有同步增加力度的情况下，由于农村公共文化服务的“硬件”和“软件”均得不到质的提升，仅靠提高原有的资源利用率，很难从总体上改变农村公共文化服务基础水平较差的面貌。

五 基层文化队伍人才断层与流失的现象更为严峻

同城市相比，农村存在条件差、待遇低等众多不利因素，因而基层文化队伍人才断层及流失的现象一直存在。实施"以钱养事"新机制以来，尽管也发挥了优化人才队伍的作用，但一定程度上也加剧了人才断层与流失的问题。

一方面是通过转制，缩减了原有文化站的编制。经过改革后，乡镇文化站一般仅设置一个公益性文化服务岗位，而原有没能竞争上岗的人员只能转行分流。另一方面由于从业人员身份与单位性质的改变，对青年人才的吸引力更弱了。在过去，乡镇文化站属于文化事业单位，其从业人员不仅可以从财政供养中获得稳定的收入与福利（尽管金额可能不多），而且由于属于国家事业编制，可以获得在行政体制内进行流动和升迁的政治报酬。但改革后，文化站从业人员转变为"社会人"、"合同工"，不仅未来的收益存在不确定性（因为服务合同是"一年一聘"或"两年一聘"），而且没有了体制内的政治身份，故而其对青年人才的吸引力更弱了。

另外，乡镇文化站从业人员"一年一聘"或"两年一聘"的制度虽然给从业者带来了危机和压力，但也使他们一直心存顾虑，担心今年虽能够竞争上岗，却不知道明年或后年是否还能继续被聘用，所以部分上岗人员只能是"做一天和尚撞一天钟"，催生农村文化工作中的短期行为，而没有对文化工作长远规划的打算。

第四节 完善湖北省乡镇文化站"以钱养事"改革的建议与对策

建设健全的农村公共文化服务体系，不但对于满足农民群众日益增长的文化需求，实现农民群众基本文化权益，促进先进文化在农村的发展具有重要的现实意义，而且对于积极推进城乡公共文化服务均等化和统筹发展，建设社会主义和谐社会也具有深远的历史意义。乡镇文化站作为构建农村公共文化服务体系的骨干，其承担的责任与充当的角色十分重大。但旧有的农村文化事业体制已不适应当前基层公共文化服务体系建设的需要，急需进行制度的创新和机制的转变。"以钱养事"作为湖北乡镇文化站改革的突破口，正是这一背景下的产物，对其进行进一步的完善与改进正是目前面临的客观现实问题。课题组认为，可以从以下几个方面着手：

一 培育多样化的农村公共文化服务市场主体，积极扶持非政府性质文化力量的发展

应该理性地看到，当下实行的“以钱养事”机制虽然对于农村公共文化服务体系建设起到了较大的促进作用，但在公共文化服务供给方面仍未能完全触及旧体制惯性造成的弊端，存在着供给主体“换汤不换药”的现象。面对这一情况，基层政府的观念革新尤为必要和迫切。因此，只有让乡镇政府下定决心，通过采取营造环境、政策倾斜、资金扶持等措施，大力培育各种非政府性质的社会中介服务组织和民间文化服务力量，放宽公益文化服务资格准入报名条件，允许乡村艺人、村组干部或社会其他成员参加文化服务资格认定考试，扩大招标竞岗范围，逐步在更大范围内招标竞岗，并制定优惠政策，吸引大中专毕业生积极参与农村公益文化服务，才能实现农村公共文化服务多元竞争的市场格局。

也只有农村公共文化服务市场领域形成了多元的服务主体，市场的竞争机制、价格杠杆等经济手段才能切实发挥优化资源配置的作用，从而提高农村公共文化服务供给的效率、效益，满足我国农村社会多样化的文化需求。

二 建立“以钱养事”长效财政保障机制，促进公共文化服务均等化的实现

经费的不足往往是制约基层公共文化服务体系建设的“瓶颈”。要真正实现乡镇文化站“以钱养事”改革的预期目标，关键之一就是加大文化财政投入、建立长效保障机制。

首先，要明确乡镇文化站经费保障的责任主体及各自分担的责任。乡镇文化站属于公益性文化单位，其经费保障自然应由各级政府负责。按照湖北省目前的规定，县乡财政确定并承担乡镇文化服务岗位运行经费，省级财政补贴主要用于文化站基础设施设备建设与维护经费。其中县、乡两级财政尤其是县级财政要将乡镇综合文化站公益性服务经费按照部门预算纳入年度财政预算，省级财政则应继续建立乡镇综合文化站公益性服务专项资金，并纳入国民经济与社会发展规划和年度预算，实现专项经费的常态化。

其次，在具体经费增长上，不仅要逐年增加乡镇文化站的经费投入总额，而且要明确文化站年度经费在各级政府财政开支中所占的比例，切实保证乡镇文化事业经费增长不低于当年财政收入增长幅度。乡镇文化站财政投入不仅要考虑文化站服务设施设备、服务内容的运营、更新和维护，而且还必须逐步提高乡镇文化站从业人员的薪酬标准，解决其生活方面的后顾之忧。

最后，鉴于目前各地文化站文化服务设施设备、经费投入分布的不均衡，省财政应该采取非均衡的财政投入策略，逐步建立缩小各地差距的乡镇文化站公共服务财政保障水平均等化安排。换言之，省财政对于各地乡镇文化站的投入，应充分考虑到各地文化站已有的发展水平，重点扶持那些未达标或欠发达的乡镇文化站，通过财政投入的杠杆手段，在全省范围内实现农村公共文化产品的均衡供给，促进公共文化服务的均等化实现。

三 建立有效的农村公共文化需求表达机制及参与机制，构建以农民文化需求为导向的农村公共文化服务体系

农民是农村公共文化服务的对象，一切向农村提供的公共文化产品都是为了满足广大农民对基本的公共文化需要，所以农民对公共文化产品的态度是检验农村公共文化服务供给有效性的最重要的因素。

如前所述，目前在乡镇文化站“以钱养事”的运行机制中，农民参与环节还比较薄弱，农民作为直接受益方在公共文化服务的立项、招标、考核、兑现等方面中的作用及参与程度都有待提高和加强。为此，我们需要进一步完善“以钱养事”的运行机制，构建起适应社会主义市场经济体制的农民文化需求表达和参与机制：一是完善农民在公共文化服务需求方面自下而上的表达机制，以确保农民的真实文化需求纳入到乡镇政府的公共文化服务决策和供给的议程中来。具体说来，就是建构一个程序规范、科学公正、广泛参与的公共文化需求表达和协商机制，通过民主的表达机制反映农民的普遍、真实的公共文化需要；同时也可以充分发挥社会中介组织、乡村文化组织的协同作用，以将农民的真实文化需要及时、准确地收集起来，然后反馈给决策者。二是建立健全农民在公共文化服务供给中的监督机制，避免或减少公共文化服务运行过程中违背农民意愿或侵害农民文化权益现象的发生。即让农民在“以钱养事”运行的各个环节中都具有一定的话语权和制约权，既能自主地对各个文化主体提供的公共文化产品给予评判，并对服务质量的好坏做出裁决，又能由农民自主决定是否继续接受其提供公共文化产品。实质上就是建立一套可供操作的自下而上的公共文化服务监督机制，从而使得农民能够有效地监督乡镇政府和服务主体以不断提高公共文化服务运作的水平。

四 深化改革，采取各种措施加强农村文化人才队伍建设，为农村公共文化服务体系建设构建人才保障

一方面通过经济激励与道德激励的双重措施来稳定农村公共文化人才队伍，减少现有人才的流失。针对目前乡镇文化站从业人员待遇低的现象，可以通过提高薪酬、加大“以钱养事”合同中的奖励措施、争取社会资金投入等方式切实提高从业者的经济收入和生活水平；同时对优异者予以长期聘用合同、授予社会荣誉及提供进一步深造的机会等来进行道德激励，从而解决现有人才队伍中的经济困难与心理顾虑。

另一方面通过机制的创新与政策的手段，吸引新鲜血液投入农村公共文化服务体系建设中，避免人才断层现象的发生。具体而言，这既需要继续改革用人机制，建立完善的人才选拔、考核、激励、流动机制，把乡村民间艺人、地方文化精英吸引到乡镇文化站的工作中来，又要建立完善的政策条例，优化农村公共文化服务人才环境。

附表一　文化系统调查统计表

单位：人

部门与项目				湖北省文化系统：不纳入财政保障范围	纳入财政保障范围：财政保障	纳入财政保障范围：财政补贴	纳入财政保障范围：政府事后奖励	说不清	总人数
文化部门	公共文化设施	县图书馆	购书（报）	1	60	14	1	1	77
			设备购置、设施维修	1	58	15	1	1	76
		县文化馆	设备购置	1	56	18	1	1	77
			设施维修	1	52	22	1	1	77
		剧场（剧院、艺术中心）	设备购置	3	38	32	1	3	77
			设施维修	3	33	37	3	0	76
		村文化中心（文化室）	报刊、图书、设备购置	3	21	46	7	0	77
		公共文化信息共享工程	内容资源建设（数据库等）	2	49	20	4	2	77
			数据终端设备	2	46	21	3	3	75
	文化队伍	县文化系统正式在编人员		0	71	6	1	0	78
		县文化综合执法队伍		3	63	11	0	0	77
		群众业余文艺团队		7	10	52	7	0	76
		村文化室文化辅导人员		7	10	52	7	0	76
		农村文化中心户		8	7	45	16	1	77
		民间乡土艺人（不包括政府已认定的传承人）		6	8	40	19	3	76
		政府认定的非物质文化遗产传承人		1	30	34	10	2	77
		县及以下文化系统队伍培训		5	27	36	7	1	76
	公共文化活动	送戏下乡舞台流动车		2	39	33	4	0	78
		农村演出场次补贴		3	24	47	4	0	78
		县级图书馆阅览人次补贴		7	20	42	4	3	76
		县级图书馆讲座和图书流动车		4	27	39	6	1	77

续表

<table>
<tr><th colspan="4" rowspan="3">部门与项目</th><th colspan="6">湖北省文化系统</th></tr>
<tr><th rowspan="2">不纳入财政保障范围</th><th colspan="3">纳入财政保障范围</th><th rowspan="2">说不清</th><th rowspan="2">总人数</th></tr>
<tr><th>财政保障</th><th>财政补贴</th><th>政府事后奖励</th></tr>
<tr><td rowspan="10">文化部门</td><td rowspan="10">公共文化活动</td><td colspan="2">县级文化馆组织的阵地服务（讲座、阅览等）</td><td>1</td><td>19</td><td>46</td><td>8</td><td>3</td><td>77</td></tr>
<tr><td colspan="2">县级文化馆业务辅导和培训</td><td>3</td><td>26</td><td>41</td><td>5</td><td>2</td><td>77</td></tr>
<tr><td colspan="2">县级文化馆业务活动（群众文艺创作、群众文化理论研究等）</td><td>3</td><td>30</td><td>32</td><td>11</td><td>1</td><td>77</td></tr>
<tr><td colspan="2">乡镇综合文化站组织的文化活动</td><td>4</td><td>19</td><td>43</td><td>9</td><td>2</td><td>77</td></tr>
<tr><td colspan="2">乡镇综合文化站基层业务辅导</td><td>3</td><td>18</td><td>44</td><td>10</td><td>2</td><td>77</td></tr>
<tr><td colspan="2">乡镇综合文化站阵地服务（宣传橱窗、展览等）</td><td>2</td><td>18</td><td>42</td><td>13</td><td>2</td><td>77</td></tr>
<tr><td colspan="2">乡土民间文化人才培训</td><td>5</td><td>17</td><td>41</td><td>11</td><td>4</td><td>78</td></tr>
<tr><td colspan="2">村文化室组织的乡土节日文化活动</td><td>8</td><td>10</td><td>39</td><td>17</td><td>3</td><td>77</td></tr>
<tr><td colspan="2">乡土文化艺术资料记录与保存</td><td>4</td><td>32</td><td>33</td><td>6</td><td>3</td><td>78</td></tr>
<tr><td colspan="2">乡土民间文化遗产研究整理</td><td>4</td><td>33</td><td>32</td><td>6</td><td>2</td><td>77</td></tr>
<tr><td rowspan="15">广电部门</td><td rowspan="15">公共文化设施</td><td rowspan="2">县电视台（演播厅）</td><td>设备购置</td><td>5</td><td>31</td><td>30</td><td>1</td><td>3</td><td>70</td></tr>
<tr><td>设施维修</td><td>8</td><td>20</td><td>38</td><td>1</td><td>3</td><td>70</td></tr>
<tr><td rowspan="2">县广播站</td><td>设备购置</td><td>7</td><td>38</td><td>21</td><td>1</td><td>3</td><td>70</td></tr>
<tr><td>设施维修</td><td>9</td><td>25</td><td>31</td><td>2</td><td>2</td><td>69</td></tr>
<tr><td rowspan="2">农村有线电视网</td><td>设施维修</td><td>12</td><td>19</td><td>33</td><td>0</td><td>4</td><td>68</td></tr>
<tr><td>困难群体入户费补助</td><td>6</td><td>14</td><td>43</td><td>1</td><td>4</td><td>68</td></tr>
<tr><td rowspan="2">农村无线电视网</td><td>边远地区、散户无线接收设备补贴</td><td>6</td><td>22</td><td>36</td><td>2</td><td>4</td><td>70</td></tr>
<tr><td>困难群众电视机补助</td><td>8</td><td>20</td><td>38</td><td>3</td><td>0</td><td>69</td></tr>
<tr><td rowspan="2">农村有线广播网</td><td>设备维修</td><td>10</td><td>25</td><td>26</td><td>2</td><td>3</td><td>66</td></tr>
<tr><td>运行经费补助</td><td>7</td><td>26</td><td>28</td><td>3</td><td>2</td><td>66</td></tr>
<tr><td rowspan="2">县电影院</td><td>设备购置</td><td>10</td><td>22</td><td>30</td><td>2</td><td>3</td><td>67</td></tr>
<tr><td>设施维修</td><td>11</td><td>16</td><td>34</td><td>2</td><td>3</td><td>66</td></tr>
<tr><td rowspan="2">县发射台和转播台</td><td>设备购置</td><td>2</td><td>35</td><td>28</td><td>2</td><td>2</td><td>69</td></tr>
<tr><td>设施维修</td><td>2</td><td>27</td><td>36</td><td>2</td><td>2</td><td>69</td></tr>
<tr><td>乡（镇）广播电视服务站</td><td>设备补助</td><td>8</td><td>19</td><td>39</td><td>2</td><td>2</td><td>70</td></tr>
</table>

续表

部门与项目				湖北省文化系统					
				不纳入财政保障范围	纳入财政保障范围			说不清	总人数
					财政保障	财政补贴	政府事后奖励		
广电部门	公共文化设施	乡（镇）电影院（文化中心）	设备购置	8	27	30	4	1	70
			设施维修	11	21	33	3	1	69
		农村电影放映队	放映设备购置	8	30	30	4	0	72
			放映设备维修	12	19	37	4	0	72
	文化队伍	县广电系统正式在编人员		2	46	0	2	2	52
		乡镇广播电视服务站人员（非在编人员）		9	9	40	3	3	64
		农村电影放映队人员（非在编人员）		12	9	42	3	3	69
	公共文化活动	农村电影放映场次补贴		3	20	44	1	1	69
		县广电系统人才培训		7	11	38	3	3	62
新闻出版部门	公共文化设施	县新华书店乡镇服务点	运行补贴	11	14	38	3	3	69
		农村书屋	图书报刊购置	3	40	29	4	0	76
			设施维修补贴	3	29	35	5	0	72
	文化队伍	县新闻出版系统正式在编人员		5	58	11	1	0	75
		农村书屋辅助人员（文化员）		3	21	43	5	1	73
	公共文化活动	农民读书活动		9	10	40	10	4	73
		系统内人才队伍培训		7	17	40	8	2	74
体育部门	公共文化设施	县级体育馆	设备购置	1	45	24	2	1	73
			设备维修	2	32	37	2	0	73
		乡(镇)综合健身中心(场地、羽毛球、乒乓球、健身路径等)	设备购置	4	38	31	2	1	76
			设备维修	5	27	41	2	1	76
		村篮球场	设备购置	5	27	30	11	2	75
			设备维修	6	18	39	8	2	73
		村健身路径	设备维护	5	19	37	9	2	72
	文化队伍	县体育系统正式在编人员		1	68	7	1	0	77
		县级业余体校人员		3	41	28	1	2	75
		农民健身指导员		7	13	42	7	4	73

续表

<table>
<tr><th colspan="3" rowspan="3">部门与项目</th><th colspan="6">湖北省文化系统</th></tr>
<tr><th rowspan="2">不纳入财政保障范围</th><th colspan="3">纳入财政保障范围</th><th rowspan="2">说不清</th><th rowspan="2">总人数</th></tr>
<tr><th>财政保障</th><th>财政补贴</th><th>政府事后奖励</th></tr>
<tr><td rowspan="3">体育部门</td><td rowspan="3">公共文化活动</td><td>农民体育健身活动</td><td>8</td><td>13</td><td>37</td><td>15</td><td>2</td><td>75</td></tr>
<tr><td>农村体育人才培训</td><td>7</td><td>14</td><td>37</td><td>13</td><td>3</td><td>74</td></tr>
<tr><td>农民体育运动会</td><td>6</td><td>22</td><td>35</td><td>10</td><td>1</td><td>74</td></tr>
<tr><td rowspan="7">文物部门</td><td rowspan="3">文化设施</td><td>县博物馆运行</td><td>2</td><td>60</td><td>10</td><td>2</td><td>1</td><td>75</td></tr>
<tr><td>县级文管所（保护单位）维修</td><td>1</td><td>59</td><td>14</td><td>1</td><td>1</td><td>76</td></tr>
<tr><td>县域文物征集</td><td>1</td><td>54</td><td>18</td><td>2</td><td>2</td><td>77</td></tr>
<tr><td rowspan="2">文化队伍</td><td>县文博系统在编人员</td><td>2</td><td>67</td><td>7</td><td>1</td><td>0</td><td>77</td></tr>
<tr><td>县域野外文物点看护人员（非在编人员）</td><td>7</td><td>22</td><td>40</td><td>5</td><td>2</td><td>76</td></tr>
<tr><td rowspan="2">文化活动</td><td>文物展览</td><td>2</td><td>43</td><td>27</td><td>2</td><td>3</td><td>77</td></tr>
<tr><td>县及以下文物系统人员培训</td><td>4</td><td>35</td><td>32</td><td>4</td><td>3</td><td>78</td></tr>
</table>

附表二　教师调查统计表

单位：人

部门与项目				湖北省文化系统					
				不纳入财政保障范围	纳入财政保障范围			说不清	总人数
					财政保障	财政补贴	政府事后奖励		
文化部门	公共文化设施	县图书馆	购书（报）	53	127	61		61	302
			设备购置、设施维修	34	119	77	8	58	296
		县文化馆	设备购置	33	131	59	13	62	298
			设施维修	49	80	96	13	61	299
		县剧场（剧院、艺术中心）	设备购置	60	96	69	12	60	297
			设施维修	62	59	98	12	61	292
		乡（镇）综合文化站	图书、设备购置	46	124	66	10	49	295
			设施维修	50	86	94	17	46	293
		村文化中心（文化室）	报刊、图书、设备购置	49	118	65	9	50	291
		县及以下公共文化信息共享工程	内容资源建设（数据库等）	39	124	62	13	59	297
			数据终端设备	35	124	55	14	56	284
	文化队伍	县文化系统正式在编人员		35	173	46	7	39	300
		县文化综合执法队伍		60	112	62	17	46	297
		群众业余文艺团队		89	47	75	42	45	298
		村文化室文化辅导人员		68	60	82	33	53	296
		农村文化中心户		71	41	73	46	61	292
		民间乡土艺人（不包括政府已认定的传承人）		79	42	60	53	59	293
		政府认定的非物质文化遗产传承人		44	72	63	38	76	293
		县及以下文化系统队伍培训		46	79	80	23	68	296

续表

部门与项目				湖北省文化系统					
				不纳入财政保障范围	纳入财政保障范围			说不清	总人数
					财政保障	财政补贴	政府事后奖励		
文化部门	公共文化活动	送戏下乡舞台流动车		76	71	54	41	52	294
		农村演出场次补贴		59	47	87	48	54	295
		县级图书馆阅览人次补贴		63	48	78	45	57	291
		县级图书馆讲座和图书流动车		38	75	78	44	56	291
		县级文化馆组织的阵地服务（讲座、阅览等）		37	59	84	54	53	287
		县级文化馆业务辅导和培训		35	74	77	42	59	287
		县级文化馆业务活动（群众文艺创作、群众文化理论研究等）		50	53	79	49	57	288
		乡镇综合文化站组织的文化活动		49	55	80	53	50	287
		乡镇综合文化站基层业务辅导		45	56	85	49	55	290
		乡镇综合文化站阵地服务（宣传橱窗、展览等）		43	61	84	36	63	287
		乡土民间文化人才培训		44	65	76	39	64	288
		村文化室组织的乡土节日文化活动		58	55	59	59	58	289
		乡土文化艺术资料记录与保存		47	79	70	32	60	288
		乡土民间文化遗产研究整理		43	86	60	30	60	279
广电部门	公共文化设施	县电视台（演播厅）	设备购置	52	130	52	11	47	292
			设施维修	57	92	79	15	47	290
		县广播站	设备购置	52	126	54	11	49	292
			设施维修	58	82	86	14	51	291
		农村有线电视网	设施维修	55	108	69	9	49	290
			困难群体入户费补助	49	81	99	13	47	289
		农村无线电视网	边远地区、散户无线接收设备补贴	54	109	72	9	45	289
			困难群众电视机补助	49	93	96	10	46	294
		农村有线广播网	设备维修	61	102	79	9	45	296
			运行经费补助	64	73	93	11	46	287
		县电影院	设备购置	77	103	46	8	56	290
			设施维修	81	67	73	12	59	292

续表

部门与项目				湖北省文化系统					
				不纳入财政保障范围	纳入财政保障范围			说不清	总人数
					财政保障	财政补贴	政府事后奖励		
广电部门	公共文化设施	县发射台和转播台	设备购置	45	128	55	9	54	291
			设施维修	52	85	82	7	60	286
		乡（镇）广播电视服务站	设备补助	47	81	82	22	56	288
		乡(镇)电影院（文化中心）	设备购置	53	101	53	16	65	288
			设施维修	60	56	97	18	59	290
		农村电影放映队	放映设备购置	45	79	76	30	61	291
			放映设备维修	60	48	93	28	62	291
	文化队伍	县广电系统正式在编人员		51	152	32	7	43	285
		乡镇广播电视服务站人员（非在编人员）		69	43	67	15	58	252
		农村电影放映队人员（非在编人员）		69	33	101	22	59	284
	公共文化活动	农村电影放映场次补贴		51	31	94	45	61	282
		县广电系统人才培训		39	67	83	31	60	280
新闻出版部门	公共文化设施	县新华书店乡镇服务点	运行补贴	58	66	72	24	64	284
		农村书屋	图书报刊购置	51	88	56	30	61	286
			设施维修补贴	54	60	79	28	61	282
	文化队伍	县新闻出版系统正式在编人员		39	136	48	14	50	287
		农村书屋辅助人员（文化员）		53	52	91	31	57	284
	公共文化活动	农民读书活动		63	60	67	38	55	283
		系统内人才队伍培训		49	61	64	35	65	274
体育部门	公共文化设施	县级体育馆	设备购置	38	137	55	14	40	284
			设备维修	45	92	86	15	46	284
		乡（镇）综合健身中心（场地、羽毛球、乒乓球、健身路径等）	设备购置	41	123	68	4	45	281
			设备维修	49	81	92	9	47	278
		村篮球场	设备购置	38	117	66	17	44	282
			设备维修	47	79	87	18	50	281
		村健身路径	设备维护	45	94	72	16	53	280

续表

<table>
<tr><th rowspan="3" colspan="3">部门与项目</th><th colspan="6">湖北省文化系统</th></tr>
<tr><th rowspan="2">不纳人财政保障范围</th><th colspan="3">纳人财政保障范围</th><th rowspan="2">说不清</th><th rowspan="2">总人数</th></tr>
<tr><th>财政保障</th><th>财政补贴</th><th>政府事后奖励</th></tr>
<tr><td rowspan="6">体育部门</td><td rowspan="3">文化队伍</td><td>县体育系统正式在编人员</td><td>35</td><td>145</td><td>39</td><td>11</td><td>53</td><td>283</td></tr>
<tr><td>县级业余体校人员</td><td>60</td><td>61</td><td>79</td><td>21</td><td>64</td><td>285</td></tr>
<tr><td>农民健身指导员</td><td>64</td><td>53</td><td>65</td><td>31</td><td>69</td><td>282</td></tr>
<tr><td rowspan="3">公共文化活动</td><td>农民体育健身活动</td><td>56</td><td>53</td><td>64</td><td>40</td><td>69</td><td>282</td></tr>
<tr><td>农村体育人才培训</td><td>53</td><td>64</td><td>75</td><td>27</td><td>61</td><td>280</td></tr>
<tr><td>农民体育运动会</td><td>55</td><td>62</td><td>73</td><td>28</td><td>60</td><td>278</td></tr>
<tr><td rowspan="7">文物部门</td><td rowspan="3">文化设施</td><td>县博物馆运行</td><td>24</td><td>141</td><td>53</td><td>18</td><td>46</td><td>282</td></tr>
<tr><td>县级文管所（保护单位）维修</td><td>34</td><td>114</td><td>75</td><td>14</td><td>45</td><td>282</td></tr>
<tr><td>县域文物征集</td><td>31</td><td>122</td><td>59</td><td>15</td><td>54</td><td>281</td></tr>
<tr><td rowspan="2">文化队伍</td><td>县文博系统在编人员</td><td>24</td><td>143</td><td>46</td><td>12</td><td>55</td><td>280</td></tr>
<tr><td>县域野外文物点看护人员（非在编人员）</td><td>43</td><td>75</td><td>74</td><td>19</td><td>66</td><td>277</td></tr>
<tr><td rowspan="2">文化活动</td><td>文物展览</td><td>36</td><td>98</td><td>60</td><td>25</td><td>60</td><td>279</td></tr>
<tr><td>县及以下文物系统人员培训</td><td>32</td><td>65</td><td>86</td><td>24</td><td>66</td><td>273</td></tr>
</table>

后　记

文化权利是公民最重要的基本权利之一，公共文化服务体系建设是实现公民文化权利的重要途径。当前，我国公共文化服务体系实践正走向标准化与机制化，人民群众文化权益将得到强有力的保障。与此同时，我国公共文化服务体系建设中的一些现实问题阻碍了公共文化的发展，区域差距、城乡差距较大，体制机制不活，投入不足等问题将在一定时期内存在，这需要我们从理论与实践层面进行系统梳理、凝练与总结。本书聚焦于当前我国公共文化建设中的主要问题，以农村公共文化服务体系建设及其财政保障机制作为研究对象，结合实证调查数据，试图从理论与实践层面回答当前我国农村公共文化服务体系建设中的难点和热点问题。

本书从我国区域公共文化服务体系的实践模式和发展趋势入手，探寻公共文化服务体系建设与公共财政之间的关系，并梳理西方国家公共文化的主要政策。在此基础上，对湖北农村公共文化建设的财政保障机制进行实证分析，并以此分析总结我国农村公共文化服务体系建设的财政保障标准、方式与范围，为农村公共文化建设财政保障机制提供理论支持。

感谢湖北省财政厅、湖北省文化厅对本书撰写的支持，他们在本书大量实证数据的获取中给予了帮助；武汉大学国家文化创新研究中心肖波博士、曹余阳博士及几名研究生为本书提供了服务工作，你们的帮助为本书的完成提供了重要支持，在此表达谢意。